Titelbeschreibung:
Bedeutende Deckelterrine mit Kauffahrteiszenen.
Schwertermarke 1735-1740. Ø 32,7 cm. H.: 27 cm.
Formerzeichen für Gottfried Seydel.

Provenienz:
Nachlass der Prinzessin Therese von Sachsen-Hildburghausen, Königin von Bayern und Gemahlin König Ludwig I. von Bayern.

Gesamtherstellung: Winnender Druck GmbH
Herausgeber: © 2005 Kurt Krockenberger

Printed in Germany
Holder Verlag Winnenden
ISBN: 3-9809283-2-2

Meissen Porzellan ist nicht allein eine Sache des Geldes, sondern eine Sache des Findens.
Mein Rat als Sammler, lassen Sie lieber ein paar Exponate stehen und kaufen für das eingesparte Geld „Hohe Qualität“.

Inhalt

Mit der Eröffnung des **Hauses der Kunst** mit über 30 Antiquitätengeschäften war 1989 gleichzeitig die Idee eines Museums für Meissen Porzellan geboren.
Verständlicherweise konnte dies aus finanziellen Gründen nicht gleichzeitig realisiert werden. Auch erwies sich ein Stockwerk allein von Anfang an als zu klein. Das Dach wurde schon bei der Planung um 2,50 m angehoben, um die Errichtung einer Galerie als zusätzliche Ausstellungsfläche zu realisieren. Am 8. Juli 1990 war es dann soweit, nachdem einen Tag zuvor eine inoffizielle Eröffnung mit Ehrengästen aus der Politik und Kunstszene erfolgt war.

In den stilvoll gestalteten oberen Etagen, werden rund 600 bedeutende Exponate Alt-Meissner Porzellan gezeigt. Sie werden im vorliegenden Buch komplett dokumentiert. Der überwiegende Teil der Vitrinen ist mit einer Spiegel-Rückwand ausgestattet, damit Figuren, Vasen, Dosen und Anderes von allen Seiten betrachtet werden kann.

Im Vordergrund des Museums stand von Anfang an nicht das Alter der Exponate, auch nicht der Ehrgeiz, alle Zeitepochen und Stilperioden aufzuzeigen, sondern seltene Formen und **außergewöhnliche Bemalungen** herauszustellen. Alle Teile standen einmal in Ausstellungen, ehe sie ins Museum wanderten. Rein museale Überlegungen waren nicht Ausschlag gebend.

Ergänzt wird die derzeitige Sammlung durch einige Leihgaben, wie z.B. das **kleinste Speise-, Kaffee- und Waschservice der Welt** von 1911. Es hat drei Künstler über 21 Monate **(18.000 Stunden)** beschäftigt. Siehe Abbildung und Beschreibung auf Seite 42/43.

Ein glücklicher Umstand fügte es, dass eine größere Leihgabe für die nächste Zeit in das Museum eingebunden wird. Abgerundet wird die Konzeption dadurch, dass seltene Unikate Meissen Art und moderne Atelierkunst, die seither im 1. Stock zu sehen waren, ebenfalls ins Museum wandern. So wird sich - ohne Anspruch auf Vollständigkeit - eine Übersicht von Meissen Porzellanraritäten aus dem 18. Jahrhundert bis zum 21. Jahrhundert ergeben.
Zu empfehlen ist hierzu mein Bildband „Edles Meissner Porzellan aus 3 Jahrhunderten“ mit über 500 Seiten und mehreren tausend Farbabbildungen.

Ein denkwürdiger Tag in diesem Zusammenhang ist **der 28. März 1709, die Erfindung des weißen Goldes.** Johann Friedrich Böttger meldet in einem Memorial an **August den Starken** die Erfindung des Porzellans. **Das „Arkanum“**, das Geheimnis der Porzellanherstellung, ist heute längst keines mehr. Das wahre „Geheimnis“ Meissner Porzellan liegt, demnächst 300 Jahre alt, auch in den filigranen Formen und feinen Bemalungen. Die, wie oben erwähnt, Ausgangspunkt der Überlegungen für das Museum waren und weiterhin sind.

Lassen Sie sich von dem Buch inspirieren und vertiefen Sie sich bei einem Rundgang in einer ruhigen Stunde in die Geschichte und die Ausformungen des ersten europäischen Hartporzellans, die undenkbar mit dem Namen Meissen verbunden sind.

Ich danke der EnBW und der UBS für die freundliche Unterstützung.

Kurt Krockenberger

Vitrine 1

Das berühmte „Russische Ballett“
v. Prof. Paul Scheurich.
Es zeigt 5 Charaktere aus dem Ballett „Karneval“, das 1910 von der Ballett-Companie Sergei Diaghilews in Berlin aufgeführt wurde. Dargestellt sind Estrella und Eusebius, Harlekin und Columbine, Pierrot und Chiarina.
Form Nr. A 101-A105
Schwertermarke 1935-1945.

Vitrine 2

Kinderdarstellungen v. Konrad Hentschel, die unter dem Begriff „Hentschel-Kinder“ bekannt wurden. Konrad Hentschel(1872-1907) war einer der maßgeblichen Jugendstilkünstler Meissens. Insbesondere seine Kinderdarstellungen, die den kindlichen Ausdruck mit einer sonnigen Lebendigkeit festhält, wurden berühmt und sind heute als Sammlerstücke begehrt.

Kind mit Zeitungsmütze,
auf einem
Holzpferd reitend.
Form Nr. W 120,
H. 17 cm.
Schwertermarke 1860-1924

Kind auf einem Kissen sitzend.
Form Nr. V 150, H. 14 cm. Schwertermarke1935-1945

Bauernjunge mit Gänsen, Modell v. Adolf Rehm.
Form Nr. K 147, H. 12,5 cm Schwertermarke 1860-1924

Hockendes Kind mit einer Puppe in den Händen, weiß.
Form Nr. W 117, H. 11 cm. Schwertermarke 1948-1960

Vitrine 3

Vitrine 5

„Tanzendes Kind“, unbemalt.
Form Nr. A 1190, H. 22 cm
Schwertermarke 1935-1945

„Dame mit Umschlagtuch“, weiß.
Modell v. C. T. Eichler.
Form Nr. A 282, H. 44 cm.
Schwertermarke 1935-1945
Abb. im Buch Schönheit im Detail

Leuchter, unbemalt.
Form Nr. A 111,H. 30 cm
Schwertermarke 1924-1934

Museales Tête-à-tête mit
„Kleeblattmuster“
v. Theodor Grust,
Scharffeuermalerei
Form Nr. Tableau T 105
L. 60 cm
Zuckerdose T 66
Schwertermarke 1860-1924
Abb. im Buch J. Just
Jugendstilporzellan Tafel 88

Stehendes Kind auf einem Stecken reitend, mit Trommel.
Form Nr. W 119, H. 18 cm. Schwertermarke 1924 – 1934

Stehendes Mädchen mit einer herabhängenden Puppe in der linken Hand, weiß, glasiert.
Form Nr. X 161. H. 16 cm. Schwertermarke nach 1948

Sitzendes Kind mit Bilderbuch „Szenen aus Struwwelpeter".
Form Nr. V149, H. 12,5 cm. Schwertermarke 1924-1934

Stehendes Kind, aus einer Zwiebelmustertasse trinkend.
Form Nr. W 118, H. 16 cm. Schwertermarke 1924-1934

„Schleichender Fuchs“
Form Nr. X 170, L. 25 cm
Schwertermarke 1924-1934

„Wüstenfüchse“
Modell v. Otto Pilz
Form Nr. X 142, H. 15,6 cm
Schwertermarke 1935-1945
Abb. im Buch M. Eberle S. 76

„Jungelefant“
Form Nr.T 153, H. 9,5 cm L. 15 cm
Schwertermarke 1935-1945
Abb. im Buch M. Eberle S. 79

Vase mit polychromer
Blumenmalerei.
Form Nr. P 248, H. 35 cm
Schwertermarke 1935-1945

„Aufmerksames Kätzchen“
Modell v. C. Jarl.
Form Nr. U 140, L. 16 cm
Schwertermarke 1924-1934

„Braunbärengruppe“
Modell v. Erich Hösel.
Form Nr. V 111, H. 20 cm
Schwertermarke 1860-1924
Abb. im Buch M. Eberle S. 55

„Französische Bulldogge“
Modell v. Erich Hösel.
Form Nr. V 137, H. 13 cm
Schwertermarke 1860-1924
Abb. im Buch Meissner
Porzellanhunde H. Davies S.26

„Bison“
Form Nr. J 101, L. 17 cm
Schwertermarke 1860-1924

„Liegender Tiger“
Modell v. Rudolf Löhner.
Form Nr. B 273, L. 37 cm
Schwertermarke 1935-1945

„Lamagruppe“
Modell v. Otto Pilz.
Form Nr. W 161, Ø 36 cm
Schwertermarke 1935-1945
Abb. im Buch H. Jedding S. 112

„Hühnergruppe“
Form Nr. X 148, H. 23 cm
Willy Zügel, Murrhardt
Schwertermarke 1860-1924

Vitrine Mitte

„Gitarrenspielerin“,
Modell wohl v. Paul Börner.
Form Nr. V 143, H. 28 cm
Schwertermarke 1934-1945

„Mädchen mit Ziege“, Modell v. Erich Hösel.
Form Nr. V 114, H. 19 cm
Schwertermarke 1924-1934
Abb. im Buch H. Jedding S.136

„Kragenbären“, Modell v. Erich Hösel
Form Nr. V 142, H. 10 cm
Schwertermarke 1935-1945
Abb. im Buch M. Eberle S. 52

Vitrine Mitte

Tafelaufsatz aus dem Service „Reineke Fuchs“ v. Max Esser. Mittelstück mit Schalen und Dosen, staffiert in Strahlenmuster, dezent rot. Form Nr. H 214, H. 45 cm. Schwertermarke 1924-1934.
Abb. im Buch Meissner Porzellan 1918-1933 S. 64

Dogge aus dem Service „Reineke Fuchs“
Modell v. Max Esser. Form Nr. 248, H. 24 cm.
Schwertermarke 1924-1934.
Abb. im Buch M. Eberle, S.102

„Biedermeierdame“
Form Nr. F 241, H. 24 cm
Schwertermarke 1935-1945
Abb. im Buch H. Sonntag
Verwandlungen S.80

„Der Geck“
Form Nr. F 235, H. 24 cm
Schwertermarke 1935-1945
Abb. im Buch H. Sonntag
Verwandlungen S.80

„Jugendstilvase“
Bemalung mit nacktem Mädchen,
wohl Julius Hentschel.
Form Nr. S 147, Theodor Grust,
H. 35 cm. Schwertermarke 1860-1924

Figur „Peter Schlemihl“
Modell v. Willi Münch-Khe.
Form Nr. A 1134, H. 26 cm
Schwertermarke 1924-1934
Abb. im Buch H.Sonntag
Verwandlungen S. 42

„Kugelförmige Vase“, weiß mit
blauem Spiegel, Vogelmalerei in
pâte-sur-pâte-Technik.
Form Nr. L 258, H. 16 cm
Schwertermarke 1935-1945

„Reifenspielerin“
Modell v. Reinhold Boeltzig.
Form Nr. A 233, H. 40 cm
Schwertermarke 1860 –1924

Große Jugendstilfigur,
„Mädchen, nackt mit Putto am Fuß“
Form Nr. R 154, H. 37 cm
Meissen 1860-1924

Kobaltblaue Trompetenvase mit
polychromer Blumenmalerei.
Schwertermarke 1950

Schale „Die Welle“ v. Paul Helmig.
Bemalung in pâte-sur-pâte-Technik.
Form Nr. Q 169, L. 26 cm
Schwertermarke nach 1900
Abb. im Buch J. Just
Jugendstilporzellan T. 26

„Kugelspielerin“ Modell v. Walter Schott
Form Nr. Q 180, H. 37 cm
Schwertermarke um 1900
Abb. im Buch H. Jedding T. 110

Figur „Peter Schlemihl“ Modell v. Willi Münch-Khe
Form Nr. A 1134, H. 26 cm. Schwertermarke 1924-1934
Abb. im Buch H. Sonntag. Verwandlungen S 42

Kugelförmige Vase, weiß mit blauem Spiegel „Vogelmalerei“ in pâte-sur-pâte-Technik. Form Nr. L 258, H. 16 cm. Schwertermarke 1935-1945

„Mädchen mit Ziege“ Modell v. Erich Hösel
Schwertermarke Form Nr. V 114, H. 19 cm
1924-1934. Abb. im Buch H. Jedding S. 136

Liegender Tiger, Modell v. Rudolf Löhner. Form Nr. B 273, L. 37 cm
Schwertermarke 1935-1945

„Reifenspielerin“ Modell v. Reinhold Boeltzig
Form Nr. A 233, H. 40 cm. Schwertermarke 1860 –1924

„Der Geck“
Form Nr. F 235,
H. 24 cm
Schwertermarke
1935 –1945
Abb. im Buch
H. Sonntag
Verwandlungen S.80

Biedermeierdame.
Form Nr. F 241,
H. 24 cm
Schwertermarke
1935-1945
Abb. im Buch
H. Sonntag
Verwandlungen S.80

„Hühnergruppe“, Form Nr. X 148, H. 23 cm.
Willy Zügel, Murrhardt. Schwertermarke 1860-1924

„Dogge“, aus dem Service „Reineke Fuchs“
Modell v. Max Esser.
Form Nr. 248, H. 24 cm
Schwertermarke 1924-1934
Abb. im Buch M. Eberle, S.102

„Schleichender Fuchs“
Form Nr. X 170, L. 25 cm.
Schwertermarke 1924-1934

Tafelaufsatz aus dem Service „Reineke Fuchs“ v. Max Esser. Mittelstück mit Schalen und Dosen, staffiert in Strahlenmuster, dezent rot.
Form Nr. H 214, H. 45 cm. Schwertermarke 1924-1934. Abb. im Buch Meissner Porzellan 1918-1933 S. 64

„Tennisspieler". Modell v. Alfred König. Form Nr. Q 143, H. 27 cm
Schwertermarke 1860-1924. Abb. im Buch v. Hermann Jedding

„Schlittschuhläuferin". Modell v. Alfred König
Form Nr. Z 194, H. 22 cm. Schwertermarke 1860-1924

Vitrine 6

Schlangenhenkelvase, mit Blumenbukettmalerei.
Form Nr. E 153, H. 27 cm
Schwertermarke 1860-1924

Chinesenpaar in der Laube.
Modell wohl v. Peter Reinicke, J. J. Kaendler u. Elias Meyer.
Nach einer Vorlage eines Stiches von Francois Boucher, H. 20 cm
Schwertermarke 1935-1945

Kaffeekanne mit Tierausguss.
Auf der Vorder- und Rückseite feine Watteaumalerei. H. 27 cm
Schwertermarke 1814-1816

Tiergruppe „Eisvögel"
Form Nr. F 137, H. 17 cm
Schwertermarke 1860-1924

Weinkrug zum 200 jährigen Jubiläum der Meißner Porzellan-Manufaktur.
Entwurf v. A. Achtenhagen.
Form Nr. Q 131, H. 30 cm
Jubiläumsschwertermarke 1710-1910. Abb. im Buch v. H. Jedding S. 106

Große Henkelvase mit feiner Blumenmalerei.
Form Nr. S 38, H. 49 cm
Schwertermarke 1924-1934

Großer Pantoffel, kobaltblau mit feiner Watteaumalerei, L. 16 cm
Schwertermarke 1860-1870

Kobaltblaue Schlangenhenkelvase mit Blumenbukettmalerei.
Form Nr. E 116, H. 38 cm
Schwertermarke 1924-1934

Kleiner Pantoffel, kobaltblau mit feiner Watteaumalerei, L. 9 cm
Schwertermarke 1840-1860

Große Deckelvase mit feiner Blumenmalerei.
Form Nr. A 291, H. 44 cm
Schwertermarke 1935-1945

„Tennisspieler"
Modell v. Alfred König, Form Nr. Q 143, H. 27 cm
Schwertermarke 1860-1924
Abb. im Buch Hermann Jedding

Chinesenpaar in der Laube
Modell wohl v. Peter Reinicke, J. J. Kaendler
u. Elias Meyer. Nach einer Vorlage eines Stiches
von Francois Boucher, H. 20 cm
Schwertermarke 1880-1924

Kleiner Pantoffel, kobaltblau
mit feiner Watteaumalerei,
L. 9 cm
Schwertermarke 1840 –1860

Großer Pantoffel,
kobaltblau mit feiner
Watteaumalerei, L. 16 cm
Schwertermarke 1860-1870

„Schlittschuhläuferin"
Modell v. Alfred König, Form Nr. Z 194, H. 22 cm
Schwertermarke 1860-1924

Vitrine 7

Kürbisvase, kobaltblau mit feiner Ansicht von „Pillnitz“. H. 31 cm Schwertermarke 1840-1860

Figur „Der Wandersmann“ H. 13,5 cm Schwertermarke 1820-1860

Tanzende Kinder um einen Baum. (Ringelreihen) Form Nr. 2728, H. 31 cm Schwertermarke 1860-1924

Biedermeier Figurengruppe Form Nr. M 183, H. 17, 5 cm Schwertermarke 1820-1840

Kobaltblauer Walzenkrug mit feinen Jagdszenen bemalt, Metall-Deckel. H. 19 cm Schwertermarke 1820-1860

Geflochtener Henkelkorb Form Nr. W 101, L. 33 cm Schwertermarke 1820-1860

Wunderschöne Uhr „Die Künste“ Form Nr. N 200, H. 47 cm Schwertermarke 1860-1924

Ringelreihen als Tafelaufsatz Form Nr. R 2728, H. 31 cm Schwertermarke 1860-1924

Kürbisvase, kobaltblau mit feiner Ansicht von „Pillnitz“, H. 31 cm
Schwertermarke 1840-1860

Kobaltblauer Walzenkrug mit feinen Jagdszenen bemalt, Metall-Deckel. H. 19 cm
Schwertermarke 1820-1860

Tanzende Kinder um einen Baum. (Ringelreihen)
Form Nr. 2728, H. 31 cm. Schwertermarke 1860-1924

Ringelreihen als Tafelaufsatz
Form Nr. R 2728,
H. 31 cm
Schwertermarke
1860-1924

Geflochtener Henkelkorb
Form Nr. W 101,
L. 33 cm
Schwertermarke
1820-1860

Biedermeier Figurengruppe
Form Nr. M 183,
H. 17,5 cm
Schwertermarke
1820-1840

Zum dritten Male endlich hat Kaendler im Juli 1745 mit scharfer Naturbeobachtung und sicherer Künstlerhand diesen Fürsten, in Imperatortracht auf courbettierendem Pferde reitend, dargestellt (Fig.62, 448). Auch hierbei hat ihm Eberlein geholfen. Das gebrannte Porzellanstück wurde schon am 3. August desselben Jahres auf die königliche Tafel gesetzt, wo es derartig gut gefallen zu haben scheint, daß nach einigen Jahren der Wunsch auftauchte, es in mächtigen Abmessungen auszuführen, damit es auf dem Judenhof in Dresden in ähnlicher Anordung wie das auf der Hauptstraße stehende Denkmal Augusts II. aufgestellt werden könne. 1751 überbrachte Brühl den Auftrag hierzu an Kaendler, der sofort eine solche, ganz in seinem Sinne gehaltene Arbeit mit großem Eifer und Schaffensfreude begann. Zunächst wurde der Bau eines Modellierschuppens gefordert und im Juni bewilligt, dann stellte Kaendler von dem ganzen Werke ein in Idee und Ausführung gleich vortreffliches, verkleinertes Modell her, das 1753 in Porzellan gebrannt war. Die Reiterfigur selbst ist der von 1745 gleich, nur wurde wohl in Berücksichtigung der technischen Schwierigkeiten bei der Ausführung im großen unter dem Pferdebauch eine Stütze angebracht, die von der Figur des Neides verdeckt wird. Hierzu wurde nun noch ein an Figuren und Allegorien reicher Sockel geschaffen. Im November 1754 meldete Kaendler, daß er in zwei bis drei Monaten hoffe, mit dem Ausformen der „großen Statua" in Porzellanmasse beginnen zu können, und bat, man möge Sorge tragen, daß es ihm nicht an Masse fehle. Aber es bedurfte trotzdem des ernstlichen Befehles von seiten Brühls, daß im Juni 1755 ihm 120 Ballen Masse zur Verfügung gestellt wurden. Inwischen war an der mit Sockel fast 10 m hohen Statue fortgearbeitet worden, die am 3.Mai 1755 vom König, der Königin, den Prinzen Xaver und Karl mit Gefolge auf der Durchreise von der Leipziger Messe nach Dresden mit großem Interesse besichtigt worden war. Noch in demselben Jahre waren „viele Stücke der großen Statua" in Porzellan ausgeführt worden, zu deren Unterbringung Kaendler einige Räume zur Verfügung gestellt wurden. Da die Zahl dieser sowie die der Formen beständig anwuchs, sah sich Kaendler von Michaelis 1756 an genötigt, ein Stockwerk seines eigenen Hauses für die ersteren zur Verfügung zu stellen. Zur Vollendung dieses, des mächtigsten Porzellanwerkes, das die europäische Porzellankunst geschaffen haben würde, an dem Kaendler „mit sechs fremden Bildhauern und drei Tischlern fünf gantze Jahre" gearbeitet hat, ist es indessen nicht gekommen. Als die Kriegsunruhen den Gang der Fabrik unterbrachen, gab man alle weiteren Versuche auf. Das noch längere Zeit im Modellhause aufbewahrte Gipsmodell ist mit der Zeit zerfallen. Von den Porzellanteilen (der Kopf des Königs aus Gips befindet sich in der Dresdner Porzellansammlung) ließ sich nichts mehr nachweisen, wenn sich auch bis heute in der Fabrik die Erinnerung davon erhalten hat, solche Stücke, unter anderem auch ein mächtiges Pferdebein, gesehen zu haben. Damit würde der Beweis erbracht sein, daß Kaendler nicht nur Ausformungen der Sockelteile in Porzellan, sondern auch mit der Reiterfigur selbst bereits begonnen habe. Sponsel, der dieses Denkmal ausführlich behandelt, meint, daß lediglich die Kriegsunruhen, das schlechte Verhältnis zwischen Kaendler und Helbig und der 1763 erfolgte Tod des Königs Augusts II. die Vollendung verhindert hätten. Der äußeren Veranlassung hierzu waren sie sicher. Daß man aber nach Beendigung des Krieges und Absetzung Helbigs ein solches Werk, das bereits sehr große Summen gekostet hatte, und von dem ein beträchtlicher Teil schon in Porzellan fertig war, nicht fortgesetzt hat, lag wohl vor allem im Geldmangel, dann aber auch darin begründet, daß ausser Kaendler kein einziger an die technische Ausführbarkeit völlig glaubte. So heißt es 1761 von der Statua, daß „die perfectionirung derselben, wie die Arcanisten von jeher sentiret, noch immer vieler Ungewißheit und Zweiffel unterworfen ist". Unmöglich wäre es wohl auch hier nicht gewesen, daß Kaendler technische Schwierigkeiten überwunden hätte, deren Ausführung die übrigen Fachleute nicht für möglich gehalten hätten.

Bedeutende Reiterstatuette „August III. zu Pferd“,
auf einem Holzpostament.
Der König im römischen Habit mit dem Kommandierstab in der rechten Hand.
Modell J. J. Kaendler Vgl. Berling: Festschrift S. 38 H. 54 cm. Schwertermarke 1840-1860

Vitrine 7

3 Teller, kobaltblau mit durchbrochenem Flechtrand. Im Spiegel Watteau-Szenen in purpur-camieu.
Ø 23 cm
Schwertermarke
1820-1860

Ovale Anbietschale, bemalt mit feinen Kauffahrteiszenen.
Form Nr. No 6a,
L. 36 cm
Schwertermarke
1840-1860

Stangenvase mit kobalt-blauem Rand und Blumenmalerei.
H. 24 cm
Schwertermarke
1935-1945

Naturalistisch geformter Hahn, weiß, glasiert.
H. 24 cm
Schwertermarke nach 1948

Gedenkmünze „Leipzig“.
Schwertermarke
20. Jahrhundert

„Tischaufsatz“
Elefant mit einer Anbietschale auf dem Rücken, stehend auf einem Postament, mit feinster Bemalung.
Modell v. J. J. Kaendler,
H. 35 cm
Schwertermarke
1820-1860

Stangenvase mit Blumenmalerei.
H. 24 cm
Schwertermarke
1924-1934

Teller kobaltblau mit durchbrochenem Flechtrand.
Im Spiegel Watteau-Szenen in purpur-camieu. Ø 23 cm
Schwertermarke 1820-1860

Ovale Anbietschale, bemalt mit feinen Kauffahrteiszenen.
Form Nr. No 6a, L. 36 cm. Schwertermarke 1840 –1860

„Tischaufsatz" Elefant mit einer Anbietschale auf dem Rücken, stehend auf einem Postament mit feinster Bemalung.
Modell v. J. J. Kaendler, H. 35 cm. Schwertermarke 1820-1860

Vitrine 10

Kinderköpfchen mit
Hut. Modell v. E.A.
Leuteritz.
Form Nr. K176,
H. 28 cm
Schwertermarke
1820-1860

Zwei Portraittassen
„Kurfürst von Sachsen“
und seiner „Gemahlin“ .
H. 14 cm
Schwertermarke
1774-1814

Schenkkanne mit
Portrait.
H. 27 cm
Schwertermarke
1814-1816

Kinderbüste mit
Kopftuch.
Form Nr. 2744,
H. 24 cm
Schwertermarke
1860-1880

Salonuhr
„Vierjahreszeiten“
Modell v. J. J. Kaendler.
Form Nr. 2112,
H. 47 cm
Schwertermarke
1860-1924

„Vierjahreszeiten-
Leuchter“
Modell v. J. J. Kaendler.
Form Nr. E 128,
H. 51 cm
Schwertermarke
1820-1860

Kinderbüste mit Kopftuch. Form Nr. 2744, H. 24 cm
Schwertermarke 1860-1880

Zwei Porträttassen
„Kurfürst von Sachsen"
und seiner „Gemahlin", H. 14 cm
Schwertermarke 1774-1814

Kinderbüste mit Hut. Form Nr. K176, H. 28 cm
Schwertermarke 1820-1860

Teller mit Lorbeerkranz. Im Spiegel Landschaftsmalerei. Ø 24 cm
Schwertermarke 1816-1840

Tasse mit der Stadtansicht „Lignitz“, H. 8 cm
Schwertermarke 1814-1816

Zwei Damen-Schirmknäufe
L. 5 cm u. 3,5 cm
Meissen 1840-1860

Klassizistischer Deckelpokal mit Bacchusköpfen, kobaltblau mit Goldbemalung.
Form Nr. E 55, H. 31 cm
Schwertermarke 1774-1814

Terrine mit Widderköpfen als Handhaben, mit feinster Rundum-Watteaumalerei.
H. 17 cm
Schwertermarke 1774-1814

Deckeldose für heiße Maronen im klassizistischen Stil. Landschafts- und Kauffahrteiminiaturen.
H. 23 cm, Ø 24 cm
Schwertermarke 1840-1860

Seltenes Schreibzeug auf Tablett
L. 31 cm, T. 21 cm/Tablett
Schwertermarke 1840-1860

Kleiner Tafelaufsatz mit Figur
H. 22 cm
Schwertermarke 1840-1860

Viereckiges Schälchen, purpur mit Watteaumalerei. Ø 11 cm
Schwertermarke 1840- 1860

Pfeifenkopf mit Chinoiserien. Metallfassung, H. 11 cm
Schwertermarke 1814-1816

Blumenwagen als Tischdekoration mit Vergissmeinnicht-Besatz und beweglichen Rädern. L. 26 cm
Schwertermarke 1860-1924

Vitrine Mitte

Seltene Figurengruppe „Fertigung des Porzellans“. Böttger und August der Starke beim Betrachten der gebrannten Stücke. Form Nr. Q 168, H. 47 cm
Schwertermarke 1820-1840

Plakette im Etui. „Gera, überreicht durch den Rat der Stadt“.

Kleiner Teller mit Flechtrand, kobaltblau mit Blumenbukettmalerei, Ø 15 cm. Schwertermarke 1820-1860

Diverse Plaketten, Ringe, Anhänger, Manschettenknöpfe usw. Schwertermarken von 1860-1945

Vitrine 11

Kaffeetasse, kobaltblau mit feinster Ansicht der „Brühl`schen Terrasse“, H. 7 cm
Schwertermarke
1860-1924

Duftvase, kobaltblau mit Schlangenhenkel und feiner Watteaumalerei.
Form Nr. G 59, H. 30 cm
Schwertermarke
1840-1860

Teller mit Stadtansicht von „Esslingen am Neckar“, kobaltblau mit Flechtrand.
Ø 23 cm
Schwertermarke 1814-1816

Tasse, kobaltblau mit der Ansicht, „Wohnhaus Ostra Allee, Stallgässchen, Nr. 1“.
H. 7 cm
Schwertermarke 1860-1924

Dèjeuner mit dem berühmten Schwanen-Service-Dekor u. polychromer Malerei.
Form Nr. No.1,
Platte 44 cm
Schwertermarke 1814-1816
Abb. im Buch H. Jedding

Figur „Schwan“
Modell v. J. J. Kaendler
Form Nr. R 2219, H. 10 cm
Schwertermarke 1814-1816

Vitrine Mitte

Kleine Enghalsvase, kobaltblau mit pâte-sur-pâte-Technik.
Form Nr K47, H.14 cm
Schwertermarke 1880-1924

Enghalsvase mit pâte-sur-pâte-Technik, taubenblau.
Form Nr. K47, H. 14 cm
Schwertermarke 1880-1924

Runde Dose mit pâte-sur-pâte-Technik. Ø 9,5 cm
Schwertermarke 1880-1924

Seltenes Schreibzeug auf Tablett
L. 31 cm , T. 21cm/Tablett
Schwertermarke 1840-1860

Zwei Damen-Schirmknäufe
L. 5 cm u. 3,5 cm Schwertermarke
1840-1860

Enghalsvase mit pâte-sur-pâte-
Technik, taubenblau.
Form Nr. K 47, H. 14 cm
Schwertermarke 1880-1924

Runde Dose mit pâte-sur-pâte-
Technik. Ø 9,5 cm
Schwertermarke 1880-1924

Kleine
Enghalsvase,
kobaltblau
mit pâte-sur-pâte-Technik.
Form Nr. K 47, H.14 cm
Schwertermarke 1880-1924

Teller mit Lorbeerkanz. Im Spiegel. „Landschaftsmalerei“. Ø 24 cm. Schwertermarke 1816-1840

Blumenwagen als Tischdekorat
- mit Vergissmeinnicht -
Besatz und beweglichen Rädern.
L. 26 cm.
Schwertermarken 1860-1924

Kaffeetasse, kobaltblau mit feinster Ansicht der „Brühl`schen Terrasse“, H. 7 cm. Schwertermarke 1860-1924

Teller, kobaltblau mit Stadtansicht „Esslingen am Neckar“. Ø 23 cm. Schwertermarke 1814-1816.
Tasse, kobaltblau mit der Ansicht „Wohnhaus Ostra Allee, Stallgässchen, Nr. 1“, H. 7 cm Schwertermarke 1860-1924

Terrine mit Widderköpfen als Handhaben, feinste Rundum-Watteaumalerei, H. 17 cm Schwertermarke 1774-1814

Seltene Figurengruppe „Fertigung des Porzellans“ Böttger und August der Starke beim Betrachten der gebrannten Stücke.
Rechts die Modellierung, links die Bemalung, Form Nr. Q 168, H. 47 cm. Schwertermarke 1820-1840

Dejeuner mit dem berühmten Schwanen-Service-Dekor. Polychrome Malerei. Form Nr. No.1 , L./ Platte 44 cm Schwertermarke 1814-1816. Abb. im Buch H. Jedding

Figur „Schwan“
Modell v. J. J. Kaendler.
Form Nr. R 2219, H. 10 cm
Schwertermarke 1814-1816

Deckeldose für heiße Maronen.
8 Landschafts- und Kauffahrteiminiaturen.
H. 23 cm, Ø 24 cm
Schwertermarke 1840-1860

Kuh mit Bäuerin als Buttergefäß.
H. 20 cm, Schwertermarke 1774-1814

Eine Tabatiere in Gestalt eines Triangels mit Jagdmotiven. Deckelinnenseite „Porträit eines Adeligen“
Modell v. J. J. Kaendler
Bestellt von Herrn Secretatrio Vithen für Frey Mayer. B. 8 cm, H. 4,5 cm
Schwertermarke 1750-1760
Vgl. Stück im Rijksmuseum Amsterdam

Zwei Blumentöpfe mit französischer Bronze und aufgesetzten Porzellanblüten.
H. 15 cm. Schwertermarke 1740-1750

Uhr auf französichem Bronzesockel mit Figurenpaar (Kinder als Türken), die Äste besetzt mit Porzellanblüten.
Schwertermarke H. 28 cm. 1750-1760

Amorette als Allegorie der Poesie.
H. 20 cm. Schwertermarke 1774-1814
Abb. im Buch H. Jedding S.78

Figur „Kleiner Bäcker“
Modell v. J. J. Kaendler, H. 8 cm
Schwertermarke 1740-1750

Wunderschöner Duftpokal, goldstaffiert. Form Nr. E. 87 , H. 17 cm
Schwertermarke 1774-1814

Figur „Tanzende Magd“
Modell v. J. J. Kaendler, H. 9 cm
Schwertermarke 1745-1750

Blattschale mit Vogelmalerei
L. 25 cm. Schwertermarke 1750-1760

Zwei kleine Gewürzschälchen mit Blumenmalerei. L. 6 cm
Schwertermarke 1820-1840

Besteck mit Monogramm J. F.
Porzellangriffe mit Blumendekor
Schwertermarke 1750-1760

Figur „Die Bauersfrau“
H. 13 cm. Schwertermarke 1763-1774

Kleine Muschelschale
Ø 9 cm. Schwertermarke 1740-1745

Figur „Der Bauer mit Hund“
H. 13 cm. Schwertermarke 1740-1750

Sehr seltene Schnupftabaksdose in Form einer „Birne“, im Deckel Watteaumalerei. L. 8 cm
Gegenstück im Buch R. Rückert
Schwertermarke 18. Jahrhundert

Kleines Väschen mit Blumendekor
H. 10 cm. Schwertermarke 1774-1814

Wunderschöne kleine „Duftvase“
H. 26 cm. Schwertermarke 1774-1814

Barockleuchter mit kleinem Engel.
H. 14 cm. Schwertermarke 1745-1750

Vitrine 12

Vitrine Mitte

Zwei Teller mit indianischen Blumen, purpur. Ø 24 cm
Schwertermarke 1774-1814

Hochbedeutende Kaffeekanne mit Rundum-Kauffahrtei-Szenen-Bemalung.
Monogrammiert v.J. G. Hörold. H. 23 cm
Schwertermarke 1.Drittel 18. Jahrhundert

Walzenkrug mit Chinoiserien,
Hausmalerei v. Ehrenfried Stadler, H. 13,5 cm
Schwertermarke 1725-1730
K.P.M.Teedose mit 6 Feldern Chinoiserien.
Goldmarke 91. H. 17 cm
Schwertermarke 1720-1725

K.P.M. Teekännchen mit Chinoiserien,
Goldmarke 91. H. 12 cm
Schwertermarke 1720-1730
K.P.M. sechseckige Zuckerdose mit Chinoiserien.
Goldmarke 91, H. 8 cm, Ø 11 cm
Schwertermarke 1720-1725

Vitrine Mitte

K.P.M. Schnupftabaksdose mit Chinoiserien.
H. 3,5 cm, Ø 7 cm. Schwertermarke 1720-1725

Koppchen mit Unterteller, gelber Überfang mit Chinoiserien. H. 6,5 cm. Schwertermarke 1725-1735

Mädchen sitzend zwischen Salz und Pfeffer-Körbchen. Form Nr. F 3024. H.14 cm
Schwertermarke 1774-1814
Marcolini

Teekännchen purpur mit „Sächsischen Landschaften" bemalt.
H. 10 cm
Schwertermarke 1745-1750

Besteck für 6 Personen mit gravierten Klingen. Porzellangriffe mit Blumendekor.
Schwertermarke 1740-1760
Puppenkännchen mit Blumenmalerei H. 8 cm
Schwertermarke 1763-1774

Milchgießer mit Blumenmalerei
H. 11 cm
Schwertermarke 1774-1814

Große Kaffeekanne mit „Kindermalerei", H. 25 cm
Schwertermarke 1763-1774

Zylinder-Deckeldose mit Blumenmalerei H. 8,5 cm
Schwertermarke 1750-1760

Teedose mit Kauffahrteiszenen
H. 13 cm
Schwertermarke 1740-1750

Vierpassdeckeldose mit Blumenmalerei, Ø 12 cm
Schwertermarke 1745-1750

Figurengruppe „Der Winter"
Modell v. J. J. Kaendler
H. 26 cm
Schwertermarke 1745-1750

Puppenkännchen mit Vogelmalerei
H. 8 cm
Schwertermarke 1774-1814

Koppchen mit Kauffahrteiszenen, H. 6,5 cm
Schwertermarke 1740-1745

Kleine Figur „Jägerin"
H. 8 cm
Schwertermarke 1745-1750

Parfümflacon „Frau mit Mops",
Kopf abnehmbar. H. 8 cm
Schwertermarke 1750-1760

Duftvase mit Vogel- und Blumenmalerei, H. 26 cm
Schwertermarke 1745-1750

Ovales Deckelterrinchen mit Blumenmalerei.
H. 18 cm, Ø 21 cm
Schwertermarke 1763-1774

Sauciere mit Jagd-Geflügelbemalung und blauen Blumen. Ø 22 cm
Schwertermarke 1763-1774

Likör-Fässchen liegend auf dreifüssigem Postament mit den Vierjahreszeitenputtos verziert. Feinste Vogel-und Insektenmalerei.
Form Nr. C 40, H. 51 cm
Schwertermarke 1750-1760

Teedose mit Blumenmalerei.
H. 13 cm
Schwertermarke 1750-1760

Dreispitzschale mit Blumenbukett.
Ø 25cm
Schwertermarke 1774-1814

Zwei Blumentöpfe mit französischer
Bronze und aufgesetzten Porzellanblüten
H. 15 cm. Schwertermarke 1740-1750

Barockleuchter mit
kleinem Engel.
H. 14 cm
Schwertermarke
1745-1750

Sehr seltene Schnupftabaksdose in
Form einer „Birne“, im Deckel Watteaumalerei.
Gegenstück im Buch R. Rückert
L. 8 cm. Schwertermarke 18. Jahrhundert

Figur „Kleiner Bäcker“. H. 8 cm
Schwertermarke 1740-1750

Uhr auf französischem
Bronzesockel mit Figurenpaar
(Kinder als Türken),
die Äste besetzt mit Porzellanblüten.
H. 28 cm. Schwertermarke 1774-

Tabatiere in Gestalt eines
Triangels mit Jagdmotiven. Deckel-
innenseite „Porträt eines Adeligen“
Modell v. J. J. Kaendler. Bestellt von Herrn Secretatrio Vithen
für Frey Mayer. B. 8 cm, H. 4,5 cm. Schwertermarke 1750-1760
Vgl. Stück im Rijksmuseum in Amsterdam

Walzenkrug mit
Chinoiserien,
Hausmalerei,
v. Ehrenfried Stadler,
H. 13,5 cm
Schwertermarke
1725-1730

Koppchen mit gelbem
Überfang und Chinoiserien
H. 6,5 cm
Schwertermarke 1725-1735

K.P.M. sechseckige
Zuckerdose mit Chioniserien
Goldmarke 91, H. 8 cm,
Ø 11 cm
Schwertermarke 1720-1725

Parfümflacon
„Frau mit Mops",
Kopf abnehmbar.
H. 8 cm
Schwertermarke
1750-1760

K.P.M.Teekännchen mit
Chinoiserien
Goldmarke 91, H. 12 cm
Schwertermarke 1720-1730

K.P.M.
Schnupftabaksdose
mit Chinoiserien
H.3,5 cm, Ø 7 cm
Schwertermarke
1720-1725

Kleine Figur
„Jägerin"
H. 8 cm
Schwertermarke
1745-1750

K.P.M.Teedose mit
6 Feldern Chinoiserien
Goldmarke 91,
H. 10 cm
Schwertermarke 1720-1725

Vitrine 13

Pâte-sur-pâte Doppelhenkelvase, mit „Meereswesen“, kobaltblau mit zwei Frauenköpfen.
Form Nr. H 105, H. 23 cm
Schwertermarke 1880-1924
Abb. im Buch H. Jedding, T. 99

Senffass in Form einer Henne, auf der ein Chinese reitet. Deckel abnehmbar.
Modell v. J. J. Kaendler
Schwertermarke nach 1900

Keulenförmige, kobaltblaue Vase mit Golddekor und feiner Landschaftsmalerei „Bastei“. H. 26 cm
Schwertermarke 1814-1816

„Hahnreiter Kanne“, Hut abnehmbar als Deckel.
Ausguss durch Schnabel.
Modell v. J. J. Kaendler
Form Nr. 608, H. 21 cm
Schwertermarke 1860-1924
Abb im Buch G. Meier, T. 25

Prunkvoller Deckel-Becher in feinster Rundum-Bemalung, Landschaften mit höfischen Personen u. Schiffen. Form Nr. R 772, H. 32 cm
Schwertermarke 1840-1860

„Gärtnerin und Gärtner“.
Große Figuren nach dem Modell v. J. C. Schönheit.
Form Nr. B 65, R 2868
H. 48 cm. Schwertermarke 1860-1924 Abb. Festschrift v. K. Berling

Wunderschöne Salon-Uhr, auf Postament stehend mit Figurenpaar als Bekrönung.
Form Nr. 573, H. 60 cm
Schwertermarke 1860-1924

Keulenförmige, kobaltblaue Vase
mit Golddekor und feiner Landschaftsmalerei.
„Bastei“. H. 26 cm
Schwertermarke 1814-1816

Prunkvoller Deckel-Becher mit feinster Rundum-Bemalung. Landschaften mit höfischen Personen u. Schiffen. Form Nr. R 772, H. 32 cm. Schwertermarke 1840-1860

Senffass in Form einer Henne, auf der ein Chinese reitet.
Deckel abnehmbar. Modell v. J. J. Kaendler. Form Nr. 607, H.21 cm.
Schwertermarke 1860-1924.
„Hahnreiter Kanne“, Form 608. Modell v. J. J. Kaendler.
Schwertermarke 1860-1924

Pâte-sur-pâte Doppelhenkelvase,
mit „Meereswesen“ kobaltblau mit zwei Frauenköpfen.
Form Nr. H 105, H. 23 cm. Schwertermarke 1880-1924
Abb. im Buch H. Jedding, T. 99

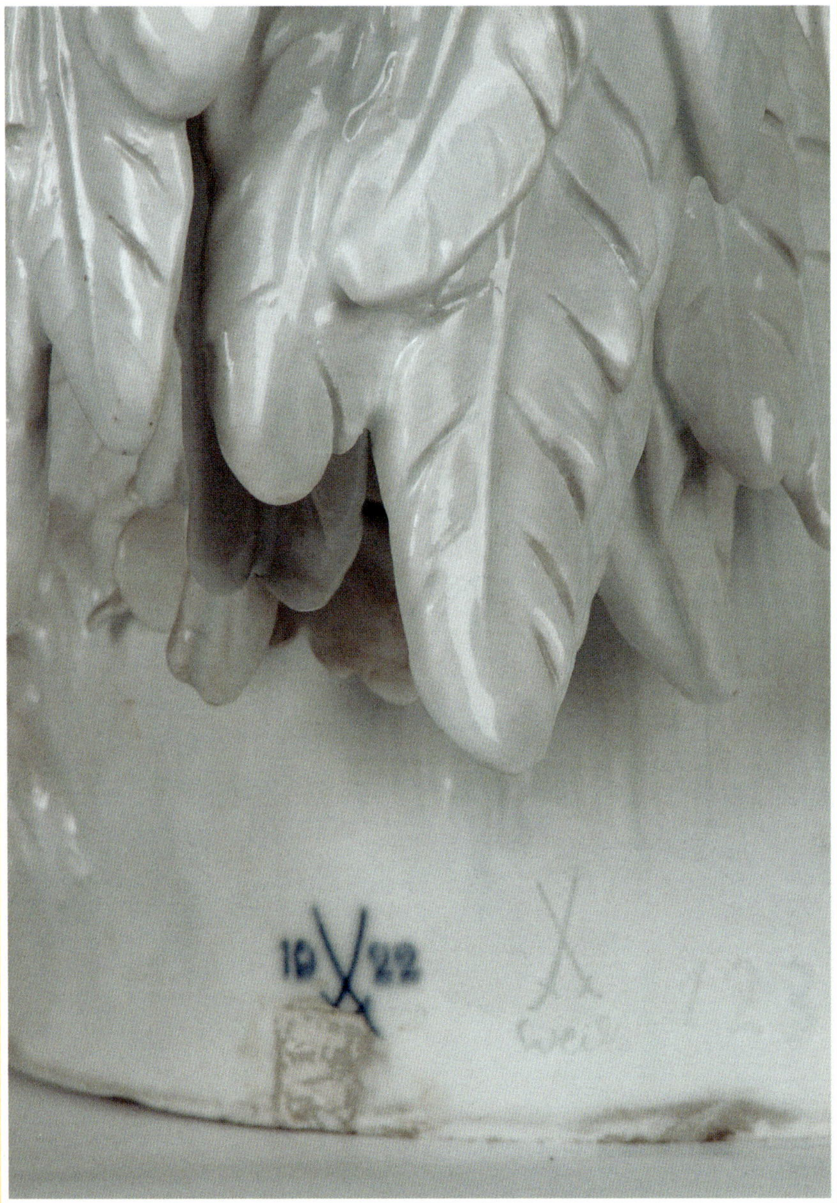

„Ein königlicher Tiergarten“!
Schon 1730 für den sächsichen Kurfürsten gefertigt.
Lebensgroße Tiere aus Meissner Porzellan; was für eine Idee!
Nach Auskunft des früheren Besitzers wurden 1922
zwanzig verschiedene Teile auf Bestellung angefertigt.

Naturalistisch geformter Lämmergeier mit erlegtem Kakadu, weiß, Modell v. J. J. Kaendler. H. 80 cm
Schwertermarke 1922 datiert. Abb. im Buch C. Albiter, T. 62/63

Wunderschöner Salonspiegel, besetzt mit Blütenblättern, verschiedenen Insekten, Vögeln und Puttos. Sehr guter Erhaltungszustand. Aus dem Besitz „Esterhazy". H.160 cm. Schwertermarke 1840-1860

Hochbedeutende Kaffeekanne mit Rundum-Kauffahrtei-Szenen-Bemalung. Monogrammiert v.J. G. Hörold. H. 23 cm. Schwertermarke 1. Drittel 18. Jahrhundert

Vitrine 15

Großer grün gefiederter Papagei (Ara) auf einem Baumstumpf sitzend, mit einer Kirsche in der Kralle.
Modell v. J. J. Kaendler
Form Nr. A 43, H. 40 cm
Schwertermarke
1840-1860

Duft-Vase mit Putten und feiner Watteaumalerei.
Modell v. J. J. Kaendler und Ernst August Leuteritz.
Form Nr. 2707, H. 40 cm
Schwertermarke
1840-1860

Zwei Miniatur-Papageien
H. 5,5 cm
Schwertermarke
1840-1860

Großer rot gefiederter Papagei (Ara) auf einem Baumstumpf sitzend.
Modell v. J. J. Kaendler
Form Nr. A 43 b,
H. 42 cm
Schwertermarke
1840-1860

Pfeifenkopf bemalt mit der Ansicht von „Schloß Moritzburg“ im Etui. H.10 cm
Schwertermarke
1820-1840

Original Besteck-Kasten für 12 Personen. Porzellangriffe bemalt mit Blumen und Insekten.
Schwertermarke
1840-1860

Kleine, kobaltblaue Balustervase mit Goldornamentikdekor und feiner Blumenbukettmalerei.
H. 17 cm
Schwertermarke
1840-1860

Original Besteck-Kasten für 12 Personen.
Porzellangriffe bemalt mit Blumen und Insekten.
Schwertermarke 1840-1860

Zwei Miniatur-Papageien
Höhe 5,5 cm
Schwertermarke 1840-1860

Pfeifenkopf bemalt mit der Ansicht
von „Schloß Moritzburg“ im Etui.
Schwertermarke 1820-1840, H. 10 cm

Vitrine 17

„Sich bäumendes Pferd"
Böttgersteinzeug
Modell v.Paul Scheurich.
Form Nr. A 1270, H. 32 cm
Schwertermarke nach 1900
Abb. im. Buch Paul
Scheurich VIII

„Kleiner sitzender Bär"
Böttgersteinzeug
Modell v. A Gaul.
Form Nr. A 1059, H.10 cm
Schwertermarke nach 1900

„Kinderkpof"
Böttgersteinzeug
Modell v. Prof. P. Börner.
Form Nr. A 1075,
H. 22 cm
Schwertermarke nach 1900

„Heinrich der Löwe"
Böttgersteinzeug
Modell v. Richard Schulze.
Form Nr. O 220, H. 49 cm
Schwertermarke nach 1900

Maske
„Till Eulenspiegel"
Form Nr. R 283,
Schwertermarke nach 1900

„Junger Elefant"
Böttgersteinzeug
Modell wohl Julius Hähnle.
H. 17cm
Schwertermarke nach 1948

„Löwe auf Platte liegend"
Böttgersteinzeug
Modell v. Prof. Gaul.
Form Nr. A 1052, L.37 cm
Ehrenpreis des Basket-Ball-Turniers von Tschammer und Osten mit Original Plakette. Schwertermarke nach 1900 Abb. im Buch Figuren und Gruppen 1919-1928 T. 43

Figur „August der Starke"
Böttgersteinzeug
Modell v. J. J. Kaendler.
Form Nr. L 241, H.24 cm
Schwertermarke nach 1900

„Zwei Schachfiguren“
Form Nr. 2854 u. 2857
H. 6 cm
Schwertermarke 1814-1816

„Zwei Miniatur-Blumentöpfe“
mit Rosen. H. 5cm
Schwertermarke 1840-1860

Zwei Miniaturfiguren
„Jäger“ als Parfümeflacon,
mit abnehmbaren
Köpfen in Porzellan
u. Metall
H. 7 cm
Schwertermarke 1820-1860

Kürbisförmiger Flacon
und kleine Schlossvase
mit Deckel, aufgesetzten
Blüten und Blättern.
H. 7,5 cm
Schwertermarke 1840-1860

Zwei Doppelhenkel-
väschen mit Kauffahrtei-
u. Watteauszenen bemalt.
H. 8 cm
Schwertermarke
1820-1840

Kleiner Parfüm-Flacon,
kobaltblauer Fond mit
Blumenbukett.
H. 8 cm
Schwertermarke
1820-1840

„Zwei Fingerhüte“
H. 2 cm
Schwertermarke
1820 /1948

„Paar Miniaturfiguren“
Bäuerin und Bauer,
H. 6 cm
Schwertermarke
1820-1840

„Kleiner Jäger“
H. 7 cm
Schwertermarke
1935-1945

Zwei Pfeifenköpfe,
polychrom bemalt.
H. 5 cm
Schwertermarke
1860-1924

Kleiner Kerzenlöscher
mit aufgesetzten Blüten
und Blättern. H. 9 cm
Schwertermarke
1820-1840

Kleine kugelförmige
Miniaturvase mit
Streublümchendekor.
H. 2,5 cm
Schwertermarke
1840-1860

Vase mit Palmettenhenkeln,
zwei fein gemalte Miniaturen mit Chinoiserien .
Form Nr. S 183
H. 25 cm
Schwertermarke 1840-1860

Prunkvolle Vierjahreszeitenuhr mit Blütenbesatz und Blumenvase als Bekrönung.
Form Nr. X 399, H. 40 cm
Schwertermarke 1820-1840

Schlangenhenkelvase mit Watteaumalerei (Hausmaler) und goldenen Henkeln.
H. 28 cm
Schwertermarke 1840-1860

Wandapplike mit zwei Leuchterarmen und einem Putto, polychrome Blumenmalerei.
Form Nr. C32, H. 35 cm
Schwertermarke 1814-1816

Figur aus der Commedie dell`Arte „L`Avvocado“
Form Nr. 942 H. 17 cm
Schwertermarke 1860-1924
Abb im Buch Commedia dell`Arte

Schlangenhenkelvase, kobaltblau.
Form Nr. E 153, H. 27 cm
Schwertermarke 1840-1860

Figur aus der Commedie dell`Arte „Tanzender Hanswurst“
Form Nr. 941, H. 16 cm
Schwertermarke 1935-1945
Abb. im Buch Commedia dell'Arte

Ovales Medaillon
Bildnis „Schokoladenmädchen“ feinste Malerei. Ø 6,5 cm
Schwertermarke 1820-1830

Kleines Butterpfännchen mit abnehmbarem Deckel, Hausmalerei
Schwertermarke 1860-1870

Vitrine Mitte

Trompetenvase mit kobaltblauem Rand und Blumenbukettmalerei
Ø 22 cm
Schwertermarke 1860-1924

Kaffeetasse neu mit Schwertermarken

Große, kobaltblaue Schlossvase mit feiner Blumenbukett- und Goldornamentikmalerei. H. 62 cm
Schwertermarke 1814-1816

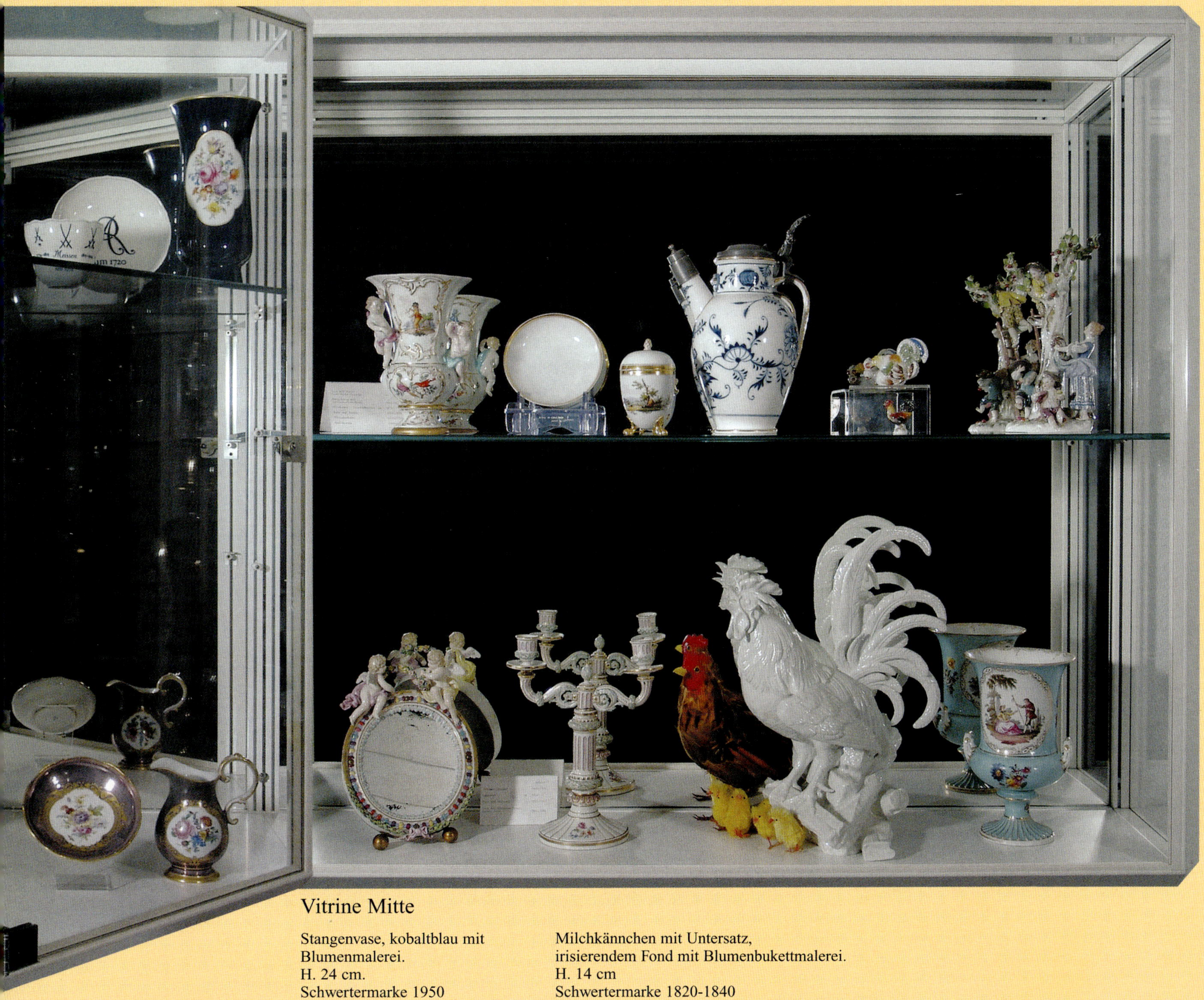

Vitrine 19

Kleine Vase mit seitlichen Puttos, feine Kinder-, Vogel- und Blumenmalerei.
H. 20 cm
Schwertermarke 1814-1816

Ei-Tasse auf Löwentatzen mit feiner Landschaftsmalerei.
H.12 cm
Schwertermarke 1820-1840

Schenkkanne mir Zinndeckel „Zwiebelmusterdekor“. H. 24 cm
Schwertermarke 1820-1860

Hahn auf Henne, bunt staffiert
H. 5,5 cm
Schwertermarke 1924-1934

Miniatur-Gockel, bunt staffiert
H. 4 cm
Schwertermarke 1840-1860

„Die Apfelernte“
Modell v. J. J. Kaendler
Form Nr. R 1998, H. 26 cm
Schwertermarke 1935-1945

Kleiner Spiegel mit Halterung zum Aufstellen und zwei Puttos als Bekrönung.
H. 24 cm
Schwertermarke 1840-1860

Großer Hahn auf Holzstorz, weiß, glasiert.
Modell v. J. J. Kaendler
H. 40 cm
Schwertermarke 1935-1995
Abb. im Buch Julius Matusz.
S. 30/31

Kleiner Tischleuchter mit abnehmbarem Oberteil, polychrom staffiert.
H. 26 cm
Schwertermarke 1840-1860

Vase mit zwei Handhaben, türkisfarbener Fond mit Watteau-malerei.(Hausmalerei) H. 23 cm
Schwertermarke 1820-1840

Vitrine Mitte

Stangenvase, kobaltblau mit Blumenmalerei.
H. 24 cm.
Schwertermarke 1950

Milchkännchen mit Untersatz, irisierendem Fond mit Blumenbukettmalerei.
H. 14 cm
Schwertermarke 1820-1840

Kleine Vase mit seitlichen Puttos, feine Kinder-, Vogel- und Blumenmalerei. H. 20 cm. Schwertermarke 1814-1816

Hahn auf Henne, bunt staffiert
H. 5,5 cm.
Schwertermarke 1924-1934

Miniatur-Gockel, bunt staffiert
H. 4cm
Schwertermarke 1840-1860

Figur aus der Commedie dell'Àrte „L`Avvocado“
Form Nr. 942 H. 17 cm. Schwertermarke 1860-1924
Abb im Buch Commedia dell`Arte

Kleines Butterpfännchen mit abnehmbarem Deckel,
Hausmalerei. Schwertermarke 1860-1870

„Die Apfelernte“ Modell v. J. J. Kaendler
Form Nr. R 1998. H. 26 cm
Schwertermarke 1935-1945

Vase mit zwei Handhaben, türkisfarbener Fond
mit Watteaumalerei. H. 23 cm.
Schwertermarke 1820-1840

Großer, naturalistisch geformter polnischer Reichsadler mit Krone, Zepter und Schwert, Form Nr. S 63 H. 51 cm. Schwertermarke 1935-1945

Strickender Schäfer mit
Schafen.
Modell v. Otto Pilz
sign. im Sockel
Form Nr. Y 155, L. 45 cm
Schwertermarke
1935-1945

Trinkbecher für Kaffee
und Tee, sowie Tabletts.
Bemalungen in blau.
(Blumen)
Schwertermarke
1935-1945

Ziegenmädchen mit Ziegen.
Modell v. Otto Pilz
sign. im Sockel
Form Nr. W 200, L. 35 cm
Schwertermarke 1935-1945

Übertopf mit Maske
weiß, Ø 7 cm
Schwertermarke 1924-1935

Figur „Hindenburg"
weiß
Form Nr. J 153, H. 23 cm
Schwertermarke 1860-1924

Scherz-Bierkrug mit
annehmbarem
Deckel, weiß, H. 20 cm
Schwertermarke 1935-1945

Vitrine 23

Große Trompetenvasen mit seitlichen, auf Ästen sitzenden Puttos, eingerahmt von aufgesetzten Birnen, Äpfeln, Blumen, Vögeln und Watteauminiaturgemälden.
Form Nr. 2753.
H. 36 cm
Schwertermarke
1814-1816

Papagei (Ara) bunt gefiedert, auf einem Baumstumpf sitzend.
Modell v. J. J. Kaendler
Form Nr. A 32 G
H. 41 cm
Schwertermarke
1860-1880

Apothekergeschirr „Wetzstahl“
Schwertermarke
1935-1945

Vier Kakaotässchen mit Deckel.
Dekor. „Blaue Blume“
H. 9 cm
Schwertermarke
1820-1860

Apothekergeschirr „Zwei Meißel“
Schwertermarke
1935-1945

Pferd auf Sockel, pastellfarben staffiert, mit edlem Zaumzeug.
Modell v. J.J. Kaendler
H. 10 cm
Schwertermarke
1840-1860

„Großer Auerhahn“ weiß, Modell v. Erich Oehme am Sockel sign. u. dat. 1943.
Form Nr. R 230,
H. 40 cm
Schwertermarke
1935-1945

Das kleinste Speise-, Kaffee- und Waschservice der Welt – eine kostbare Rarität

Im Jahre 1911 kamen drei Meissner Porzellanarbeiter auf eine sonderbare Idee: sie wollten das kleinste Porzellan-Service der Welt herstellen. Als Modell und Vorbild nahmen sie sich das Service, das damals in der Manufaktur Meissen für den König von Italien angefertigt wurde.

Der Hersteller des kleinen Speise- und Kaffeeservices, „Otto Kretzschmar sen.“, des Meissner Ateliers für kunstgewerbliches Modellieren und Formen hat einen Fertigungsbericht abgefaßt, in dem die Präzisionsarbeit ausführlich geschildert wird, die verrichtet werden mußte, um die Masse der Einzelteile auf ein Zehntel der Normalgröße zu reduzieren.

Aus dem Bericht geht unter anderem hervor, daß drei besonders befähigte Fachleute in einem Zeitraum von 21 Monaten täglich mindestens zehn Stunden an diesem Miniaturservice gearbeitet haben. Es wurden insgesamt 96.000 Einzelteile gefertigt, wovon nur 700 als brauchbar angesehen werden konnten, um daraus die zum Service gehörenden 143 Teile zu bestimmen.

Die hierfür nötigen Gipsformen, Modelle und Modelleinrichtungen umfaßten ein Volumen von ca. 5 x 5 x 1 Meter. Die Ausgüsse, Dreharbeiten und Handformerei stellten die größten technischen Anforderungen. So mußte vorerst die Porzellanmasse besonders präpariert werden, es wurden chemische Zusätze beigegeben, welche die Masse formfähig und zum Brennen geeignet machten. Beispielsweise wurde die Masse alsdann durch ein Sieb getrieben, das 2.500 Maschen pro Quadratzentimeter hat.

Bei dem Trocknen und Loslösen der geformten Teile stellte sich jedoch ein Reißen der Masse ein, sodass eine Umbildung der Masse nötig wurde. Die Hand-Dreharbeiten sind mit Hilfe von Holzschablonen ausgeführt worden, deren minutiöse Profile auch hier einer chemischen Behandlung bedurften, um das Ausfasern dieser Profile zu verhindern, denn die kleinste Unebenheit der Schablone würde das Profil unkenntlich machen. Das hohle Ausformen des Stieles vom Suppenschöpfer sowie überhaupt das Formen der Hohlkörper war Sache der Schnelligkeit. Wenn man bedenkt, dass ein Tropfen Masse, die in die Gipsform gebracht wird, sofort zu einem Massekopf erstarrt, so schien es anfangs undenkbar, einen Hohlkörper zu erhalten. Aus der Form gebracht, wurde die Retouche vorgenommen. So mußte von der Kaffeekanne die Schnauze mit einem Frauenhaar losgeschnitten, mit einem Instrument ausgehöhlt und dann wieder angesetzt werden. Das Röschen auf Zuckerdose und Kaffeekanne ist vierteilig und in der Hand geformt. Mit einem aus einer Stahlnadel gefertigtem Messer wurden die Durchbrüche der Fruchtschalen vorgenommen, wobei vieles Bemühen erfolglos war, da durch die Handwärme die Masse so spröde wurde, daß sie bei der Bearbeitung zerbrach. Das Purpurmuster ist Handmalerei und mit echtem Poliergold versehen. Das Gold, das matt aus dem Brand kommt, ist erst mit hellem Achat und dann mit Blutstein poliert.

Ein Beispiel für die Größe und das Gewicht des Porzellans: Sechs Obertassen, sechs Untertassen, eine Kaffeekanne, ein Sahnegießer und eine Zuckerdose wiegen zusammen 18 Gramm und können in einer Streichholzschachtel untergebracht werden.

Das Zubehör umfaßt zwei ovale Tische, einen runden Stegtisch, 36 Stühle und zwei Kredenzen. Alle Holzteile sind handgeschnitzt und im Rokokostil ausgelegt.

In einem Werbeblatt von 1936, welches das »Porzellanwunder aus dem Erzgebirge« unter dem Einfluss damaliger politischer Denkungsweise als deutsches Kunstwerk feierte, ist zu lesen, daß die Königin von England sich um den Erwerb des Miniatur-Services bemüht habe, um damit ihr berühmtes Puppenhaus auszustatten.

Genannt als Hersteller der Silberkaffeelöffel war Fa. August Wellner + Söhne, Aue in Sachsen.

Carl Schäffer
Luxusporzellane u. Gebrauchsgeschirre
Kristall- und Glaswaren
Metallwaren · Echte Silberwaren
Bijouterie · Lederwaren · Stahlwaren
Beleuchtungskörper · Spielwaren
Fernsprecher No 5646 u. 5647
Telegr. Adr.: Carl Schäffer
Bankkonten: Oldenburg. Spar- u. Leihbank, Osnabrücker Bank
Postscheckkonto: Hannover No. 3192
Osnabrück, den 28.4.34
Filialen Bad Rothenfelde u. Bad Pyrmont

HERMANN BAZLEN MANNHEIM PARADEPLATZ
Mitglied der Groß-Einkaufsgenossenschaft Nord und Süd, Berlin
Bank-Konto: Deutsche Bank u. Disc.-Ges.
Postscheck-Konto: 18310 Karlsruhe
Telegramme: Bazlen
Fernsprecher Nr. 21243
DAS FACHGESCHÄFT FÜR GEDIEGENEN HAUSRAT UND KÜCHENEINRICHTUNGEN
GLAS KRISTALL PORZELLAN KERAMIK
Datum 10. März 1934.
Herrn
Grundig,

KUNSTGEWERBEHAUS WIEDTEMANN & CO. FREIBURG I. BR.
KAISERSTRASSE 53/55 · MARKTGASSE / TELEGRAMME: WIEDTEMANN COMPANIE / TELEFON 3276
Mitglied der Einkaufsgenossenschaft Nürnberger Bund Nürnberg-Essen-Berlin
FREIBURG IM BREISGAU, 17. März 1934.
H
Herrn
Grundig
Chemnitz/Sa.

NSPRECHER: DOMSHEIDE 25205
TANSCHRIFT: KUNSTWERKSTÄTTE
SCHECKKONTO: HAMBURG 46880
BANKKONTO: DARMSTÄDTER UND NATIONALBANK K.A.A. BREMEN
PORZELLAN KRISTALL KUNSTGEWERBE
VEREINIGTE WERKSTÄTTEN FÜR KUNST IM HANDWERK A.G.
BREMEN MÜNCHEN

W. WEITZ · HAMBURG
INHABER: OTTO TÖPPERWIEN / HEINRICH KLAPP / WALTER WEITZ
KRISTALL / PORZELLAN / KUNSTGEWERBE / KRISTALLKRONEN
EINZEL-, GROSS- UND AUSFUHRHANDEL
HAMBURG
NOVER · DÜSSELDORF
STEIN & DÜREN · KÖLN
PYRMONT
R.
HAMBURG, d. 30.6.1934
NEUER WALL 26/28 · FERNRUF: C4 DAMMTOR 3276
DEUTSCHE BANK FIL. HAMBURG · REICHSBANK-GIROKONTO
POSTSCHECKKONTO HAMBURG 31606

Das Porzellanwunder aus Meissen unterwegs. Bis zu 10.000 Besucher pro Ausstellung waren dabei. Dankschreiben der Firmen des Jahres 1934.

Porzallanwunder aus Meissen

Vitrine 26

Kaminuhr stehend auf einem Postament, belegt mit Blüten und Blättern, als Bekrönung ein Blumenarangement.
Form Nr. F 26, H. 50 cm
Schwertermarke 1750-1760

Füsschen-Muschelschale mit Blumenmalerei. Ø 10 cm
Schwertermarke 1750-1760

Miniaturvasenpaar mit abnehmbaren Deckeln.
H. 15 cm
Schwertermarke 1750-1760

Büste „Madame Dubary"
H. 25 cm
Schwertermarke 1774-1814

Birnenförmige, große Kanne mit Reliefdekor, weiß.
H. 26 cm
Schwertermarke 1774-1814

Zweiarmiger Tischleuchter, Oberteil abnehmbar, bunt staffiert. H. 34cm
Schwertermarke
1774-1814, Marcolini

Helmkanne (Sauciere)
Dekor: blaue Unterglasur „Strohblume". Ø 23 cm
Schwertermarke 1740-1750

Koppchen mit Blumenmalerei. Ø 8 cm
Schwertermarke 1750-1760

Muschelschale mit Blumenmalerei. Ø 19 cm
Schwertermarke 1750-1760

Schokoladentässchen mit Früchte-und Blumenmalerei
H. 9 cm
Schwertermarke 1750-1760

Bedeutendes Dèjeuner mit quadratischer Platte. Alle Teile sind nach D. Teniers (16 Miniatur-Gemälde) prunkvoll bemalt.
Platte 36 cm x 36 cm
Schwertermarke 1745-1750

Teller, Kaffeekanne, Teekanne, Teedose und Koppchen mit Purpurmalerei dekoriert.
Schwertermarke 1774-1840

Bedeutendes Dèjeuner mit quadratischer Platte. Alle Teile sind nach D. Teniers (16 Miniatur-Gemälde) prunkvoll bemalt. Platte 36 cm x 36 cm
Schwertermarke 1745-1750

Vitrine 27

Große Figur
„Die Astrologie“ bunt
bemalt.
H. 46 cm
Schwertermarke
1860-1924

Deckelterrine mit
Prèsentoir.
(Wöchnerinnenterrine).
In seltenem Lapislazuli-
Fond. Sieben in
Goldbordürenmalreien
eingerahmte
Miniatur-Gemälde.
Ø 23cm
Schwertermarke1840-1860

Großer Wackelpagode,
bunt staffiert (Hände,
Kopf und Zunge beweg-
lich montiert)
Modell v. J. J. Kaendler
und J. F. Eberlein
Abb Kat. zur Ausstellung
i. Bayer.Nationalmuseum
v. R. Rückert S. 251
Form Nr. 2884, H. 31 cm
Schwertermarke
1820-1830

Paar Tafelaufsätze, bunt
staffierte Säulen mit tan-
zenden Kindern, die einen
durchbrochenen Korb
halten.
Form Nr. 2775, H. 40 cm
Schwertermarke
1860-1924

Teeservice im Reisekoffer,
Porzellanteile mit
antikisierendem
Porzellan-Goldrelief
(Wedgewood Manier)
Schwertermarke
1814-1816

Großer Wackelpagode, bunt staffiert (Hände, Kopf und Zunge beweglich montiert) Modell v. J. J. Kaendler und J. F. Eberlein.
Abb. Kat. zur Ausstellung i. Bayer.Nationalmuseum v. R. Rückert S. 251, Form Nr. 2884, H. 31 cm, Schwertermarke 1820-1830

Vitrine 27

Pâte-sur-pâte Duftvase,
kobaltblau mit
Schlangenhenkeln.
Form Nr. F 26, H. 28 cm
Schwertermarke 1880-1924

Wunderschönes Solitär,
kobaltblau mit minitiös
gemalten „Sächsichen
Ansichten“.Alle Teile auf
der Unterseite bezeichnet.
Platte L. 39 cm
Schwertermarke 1814-1816

Tafelaufsatz mit zwei
durchbrochenen,
polychrom u. goldstaffierten
Tellern. Als Bekrönung ein
kleiner Vogel. H. 41 cm
Schwertermarke 1860-1924

Kleine Amorette
„Wanderknabe“,
weiß. H. 9 cm
Schwertermarke 1924-1934

„Falkner“ mit Falken,
bunt staffiert.
Modell v. J. F. Eberlein
Form Nr. X512, H. 18 cm
Schwertermarke 1924-1934
Abb. im Buch Porzellan-
Parforce

Miniatur Vogel auf Sockel
H. 6 cm
Schwertermarke 1935-1945

Große Figurengruppe
„Seydlitz“
Modell v. Paul Scheurich.
Form Nr. A 1241, H. 38 cm
Schwertermarke 1935-1945
Abb. im Buch Figuren und
Gruppen Kat. 379 T. 5

„Harlekin“, bunt staffiert.
Modell v. J. J. Kaendler
H. 25 cm
Schwertermarke 1935-1945

„Mutterglück“, weiß,
Modell v. Walter Struck,
im Sockel sign.
Form Nr. P 289, H. 45
Schwertermarke 1935-1945

„Falkner“ mit Falke, bunt staffiert.
Modell v. J. E. Eberlein
Form Nr. X512, H. 18 cm
Schwertermarke 1924-1934
Abb. im Buch Porzellan Paforce

Pâte-sur-pâte Duftvase, kobaltblau
mit Schlangenhenkeln
Form Nr. F 26, H. 28 cm
Schwertermarke 1880-1924

Wunderschönes Solitär kobaltblau, mit minutiös gemalten „Sächsichen Ansichten“
Tasse „Hegereiter im plauschigem Grund“, Zuckerdose „Tharandt Meissen“, Milchgießer „Schloß Pillnitz“ u. „Weinbergpalais des Königs“,
Kanne „Dresden - Meissen“. Alle Teile auf der Unterseite bezeichnet. Platte L. 39 cm. Schwertermarke 1814-1816

Vitrine 29

Paar große Art Deco-Vasen, wohl v. Prof. Paul Börner
Form Nr. K 263, sign.
H. 24.cm
Schwertermarke
1935-45

Kleines Seehundbaby, bunt staffiert.
Form Nr. C 232.
L. 13 cm
Schwertermarke
1860-1924

Art Deco-Deckeldose mit sitzendem Kind.
Form Nr. R 281.
Ø 18 cm
Schwertermarke
1935-1945

„Jonglierender Seelöwe“ auf einem Postament, bunt staffiert.
Form Nr. C 291,
H. 26 cm
Schwertermarke
1860-1924

Deckeldose mit Mädchen u. einem Hasen. Form Nr. Y 150.
H. 9 cm
Schwertermarke
1860-1924

Rauchersets mit Silberfassung
Dekor „Gelber und grüner Drache“.
Schwertermarke
1935-1945

„Uhr von zwei Putten getragen“. Modell v. Paul Scheurich
Form. Nr. F 270,
H. 36,5 cm, L. 59 cm
Schwertermarke
1935-1945
Abb. E. Zimmermann

Seltene Jugendstilfigur „Nach dem Bade“
Modell v. R. Ockelmann, im Sockel sign.
Form Nr. M 193,
H. 43 cm
Schwertermarke
1935-1945

„Katzen“
Scharffeuerfarben
Modell v. Otto Pilz.
Form Nr. X 103, H. 19,9 cm
Schwertermarke 1880-1924
Abb. im Berling, T. 32, Nr. 6
M. Eberle S. 69

„Kampfläufer“
Modell v. Paul Walther.
Form Nr. Y 119 , H. 17,5 cm
Schwertermarke 1860-1924
Abb. im Buch G. Meier

Miniatur „Kakadu“,
bunt staffiert.
Form Nr. A 208, H. 11 cm
Schwertermarke 1935-1945

Prächtiger
„Elefant mit Führer“,
Scharffeuerfarben.
Modell wohl P. Wahlter
Form Nr. W 148, H. 28 cm
Schwertermarke 1860-1924

Figur Sternzeichen „Steinbock“.
Form Nr. R 257, H. 11 cm
Schwertermarke 1935-1945

Figur Sternzeichen „Widder“.
Form Nr. R 260, H. 13 cm
Schwertermarke nach 1948

Die berühmte amerikanische
Ausdruckstänzerin
„Louie Fuller“.
Modell v. Theodor Eichler.
Form Nr. B 255, H. 26,6 cm
Schwertermarke 1860-1924
Abb. H. Sonntag, Erlebte Kunst.

„Condor“ auf einem Steinfels
sitzend. Schaffeuerfarben.
Modell v. Paul Walther.
Form Nr. H 128, H. 41 cm
Schwertermarke 1860-1924

„Kakadu-Anbietschale“,
bunt staffiert.
Form Nr. X 129, H. 50 cm
Schwertermarke 1860-1924
Abb. im Buch H. Sonntag,
Erlebte Kunst S. 102

„Dame mit Mohrenknaben“,
bunt staffiert,
Modell v. Paul Scheurich
Form Nr. A 1012, H. 28 cm
Schwertermarke 1935-1945
Abb. im Kat. 359 Figuren u.
Gruppen 1919-1938 T. 15

„Perlhühner“
Scharffeuerstaffierung.
Modell v. Paul Walther.
Form Nr. Z 155, H. 40 cm
Schwertermarke 1935-1945
Abb. Buch Meissner
Jugendstil J. Just T. 63

„Weißkopfadler“ auf einem
Steinfels sitzend.
Scharffeuerfarben
Modell v. Paul Walther.
Form Nr. 181, H. 41 cm
Schwertermarke 1860-1924

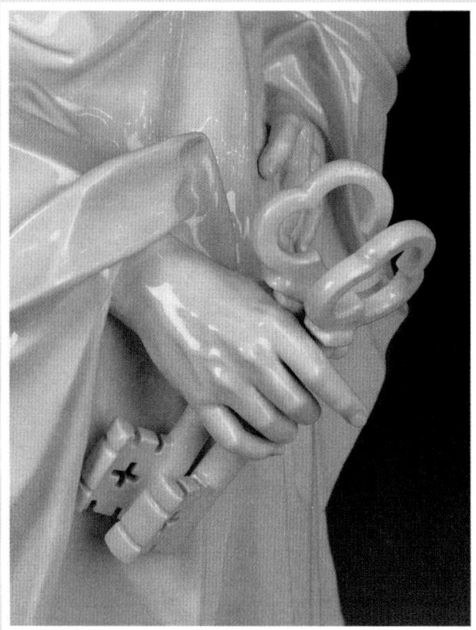

Apostelfigur „Hl. Petrus“
Aufrechtstehende Figur, mit nach rechts gewandtem Kopf in langem, faltig fallendem Gewand. In den Händen hält er einen Schlüssel.
Modell v. J. G. Kirchner, Kopf wohl v. J. J. Kaendler. H. 100 cm
Schwertermarke 1935-1935
Abb. D. Gielke Bestandskatalog Leipzig S. 217

„Gott Vater“, schwebend. Böttgersteinzeug.
Modell Prof. E. Barlach. H. 48 cm.
Schwertermarke nach 1924
Abb. Buch Meissner Porzellan 1710 bis Gegenwart S. 110

„Schlafendes Bauernpaar“ Böttgersteinzeug.
Modell Prof. E. Barlach. H. 28,5 cm
Schwertermarke nach 1924
Abb. Buch Meissner Porzellan 1710 bis Gegenwart S. 111

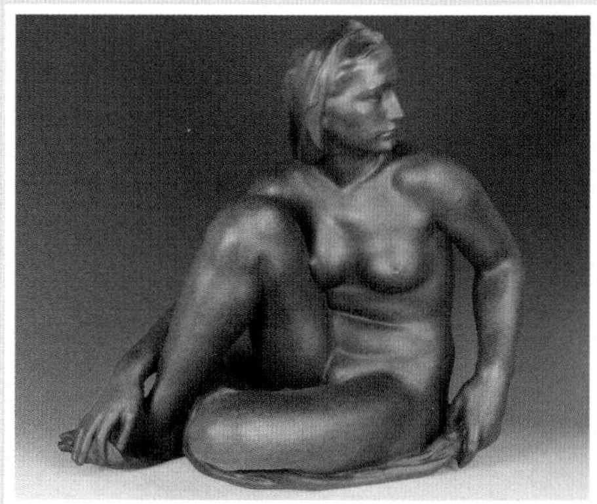

„Die Badende“
Böttgersteinzeug. Modell von Robert Ullmann.
H. 54 cm. Schwertermarke nach 1948

Hochbedeutende Arbeit der Manufaktur

Porzellanbild. „Die Madonna des Basler Bürgermeisters“ Jakob Meyer zum Hasen, nach Hans Holbein der Jüngere. Originalrahmen, 73 cm x 60 cm. Schwertermarke 1820-1860

Vom Tagewerk der Porzelliner. Maufakturistin, Massefahrer, Modelleur, Einleger/Kapseleinleger, Dreher, Maler/Blumenmaler, Goldmaler, Geschirrträger und Verkäuferin.
Modell v. K. T. Eichler
Schwertermarken Neu. Abb. im Buch H. Sonntag „Erlebte Kunst“

„Papagei“ auf einem Baumstumpf sitzend, bunt staffiert.
Modell v. Paul Walther
Form Nr. E 278,
H. 28 cm
Schwertermarke
1924-1935

„Terrine mit Deckel“, blau staffiert.
Modell v. Paul Börner
Schwertermarke nach 1948
Vgl. im Buch Meissner Porzellan 1918-1933 Die Pfeifferzeit S.64

„Der Frühling“
Hirtenpaar mit Ziegen.
Modell v. Erich Hösel
Form Nr. 124, H. 18 cm,
Ø 21 cm
Jubiläumsmarke
1710-1910

Likörset mit Silberfassung.
Dekor „Drachenmuster“
Form Nr. G 226
H. Flasche 28 cm
Schwertermarke
1935-1945

Vitrine 37

Teller mit Vogelmalerei, goldstaffiert. Ø 23,5 cm
Schwertermarke
1860-1924

Duftvase mit Deckel, aufgesetzten Blüten und Blättern.
Form Nr. 137, H. 33 cm
Schwertermarke
1860-1924

Tasse mit sixtinischem Engel. H. 9,5 cm
Schwertermarke
1814-1816

Runder Zierkorb mit Flechtrand. Der Rand wurde in halbweichem (ledernem) Zustand geflochten. Im Spiegel „Blumenbukett“
Form Nr. WIX, Ø 24 cm
Schwertermarke
1935-1945

Porzellanbild „Engel“ aus der Sixtinischen Madonna.
H. 13 cm x B. 11 cm
Schwertermarke
1820-1860

Brosche mit „Engel“ aus der Sixtinischen Madonna.
Silberfassung, Ø 5,5 cm
Schwertermarke
1840-1860

Porzellanbild „Sixtinische Madonna“ nach Raffael.
Museale Arbeit der Manufaktur. Nicht nur die künstlerische Leistung ist bemerkenswert, sondern auch die Technische.
Größe der Platte
32,5 cm x 16,5 cm
Schwertermarke
1840-1860

Porzellanbild „Auszug aus der Sixtinischen Madonna“.
Größe der Platte
12 cm x 10 cm.
Schwertermarke
1814-1816

Große Bodenvase-Henkelvase, kobaltblau mit Blumenbukett staffiert.. Form Nr. D 153, H. 60 cm. Schwertermarke 1924-1934

Braunbär auf einem Holzsockel stehend, weiß. H. 26 cm. Schwertermarke 1935-1945

Bolognese Hund in sitzender Haltung, den Kopf mit offenem Maul und gesträubten Haaren nach links gewandt, weiß, glasiert. Modell wohl v. J.G. Kirchner. H. 45 cm. Schwertermarke 1924-1934. Abb im Buch D. Dielke, S. 218

Große Duftvase mit abnehmbarem Deckel, allseitig durchbrochen. Dekor: „Blaue Blume". Form Nr. A262, H. 57 cm
Schwertermarke 1860-1924
Pâte-sur-pâte Deckeldose, rund, königsblau. Bestellt wurde die Dose nach der Wende, lt. Aussage die 1. pâte-sur-pâte Technik der Manufaktur im 19. Jahrhundert, (kleiner Fehler deshalb nicht ausgeliefert) Ø 16 cm.
Schwertermarke 1850-1924

Tafelaufsatz mit Figurenpaar u. Stand.
Modell v. Ernst Leuteritz. Form Nr. 2772, H. 57 cm
Schwertermarke 1860-1924.
Abb. im Buch H. Jedding S. 71
„Früchteschale", durchbrochen mit Asthenkeln, besetzt mit Blüten und Blättern.
Blumenbukettmalerei. Ø 32 cm
Schwertermarke 1814-1816

Große „Boden-Henkelvase", kobaltblau- u. goldstaffiert. Form Nr. D 153, H. 60 cm
Schwertermarke 1924-1934

„Uhr mit Amoretto"
als Allegorie der Dichterkunst, bunt staffiert,
Modell v. V. Arcier. Form Nr. Y 52, H. 27 cm
Schwertermarke 1820-1860

Vitrine 46

Servier-Tablett mit einer Kanne, Milchgießer und Zuckerdose. Alle Teile bemalt mit Sächsichen Stadtansichen „Dresden, Moritzburg, Leipzig, Schloss Stolpen, Chemnitz“, Ø Tablett 42 cm Schwertermarke 1814-1816

Zweiarmiger Tischleuchter mit Figuren, polychrom bemalt. Form Nr. 1160 H. 23,5 cm Schwertermarke 1820-1840

Großer rot gefiederter Papagei (Ara) auf einem Baumstumpf sitzend. Modell v. J. J. Kaendler H. 40 cm Schwertermarke 1860-1924

Bedeutendes Gemälde „Madonna della Seida“ von Raffael im Originalrahmen. Meisterliche Qualität. G. 32 cm x 32 cm Schwertermarke 1860-1924

„Kürbis-Vase“, bossiert mit Vergissmeinnichtblüten und Blättern. H. 18 cm Schwertermarke 1820-1860

Schokoladen-Kännchen mit Tischchen-Muster-Dekor staffiert. Schwertermarke 1763-1774

Vitrine 48

Figurengruppe
„Europa auf dem Stier“
Modell v. Fr. E. Meyer.
Form Nr. 2697, H. 21 cm
Schwertermarke
1840-1860

Paar Gewürzschälchen
von Kindern getragen,
bunt staffiert.
Form Nr. 2963, H. 15 cm
Schwertermarke
1814-1830

Schlossvase mit Deckel.
Kobaltblaue Malerei, sign.
auf der Unterseite.
Facharbeiterprüfung.
1953 G.Hohberg
Form Nr. H. 108,
H. 36 cm
Schwertermarke
1935-1945

Durchbruchteller, tomatenrot. Im Spiegel
„Steinbruch von
Rathen“. Ø 24 cm
Schwertermarke
1840-1860

„Löwenpaar“ weiß.
Form Nr. Q 288,
H. 17 cm
Schwertermarke
1935-1945

„Elster-Paar“ naturalistisch
modelliert.
Modell v. J. J. Kaendler
Form Nr. 62, H. 53 cm
Schwertermarke
1860-1924
Abb. im Buch The
H. Lloyd Hawkins S. 55

„Jagdhund“ stehend,
weiß, glasiert.
Modell v. E. Oehme
am Sockel sign. 1943
Form Nr. Q 239
H. 19 cm
Schwertermarke
1935-1945

Große Vase im Altozier-Dessin mit plastischen
Blüten und Früchten
belegt, als Lampenfuß.
H. 45 cm
Schwertermarke
1814-1816

„Windhund“
sitzend, weiß
Modell v. E. Hösel
Form Nr. V 186 .H. 18 cm
Schwertermarke
1935-1945

Schlossvase mit Deckel,
goldstaffierte Ränder, schöne
„Blumenbukettmalerei“
Form Nr. H 108, H. 36 cm
Schwertermarke 1935-1945

Leuchterpaar „Bauer u. Bäuerin“,
bunt staffiert.
Form Nr. B 76, H. 28 cm
Schwertermarke 1860-1924

„Kleiner Tafelaufsatz“
Zwiebelmuster mit Gold.
H. 30 cm
Schwertermarke 1840-1860

Deckeltasse in Form eines Tempels
mit „Jagdmotiven“, goldstaffiert.
H. 11 cm
Schwertermarke 1820-1840

Wunderschöner Wandleuchter
mit zwei Armen.
Blumenbukettmalerei
und kleiner Putto.
Form Nr. C 32, H. 40 cm
Schwertermarke 1840-1860

Deckeldöschen mit kobaltblauem
Rand und Blumenmalerei.
Ø 9,5 cm
Schwertermarke 1935-1945

Große Wandschale mit Neubranden-
steinrelief „Rosenbukettmalerei“.
Ø 38 cm
Schwertermarke 1935-1945

Gelbes Pâte-sur-pâte
Deckeldöschen
„Amor mit Pfeil und Feuer“
Ø 7 cm
Schwertermarke 1880-1924

Figurengruppe
„Amor schleift die Pfeile“
Form Nr. E 26, H. 20 cm
Schwertermarke 1820-1860

„Schmuckdose“,
überreiche Gold-, Blumen- und
Insektenmalerei.
Auf der Deckelinnenseite
Stadtansicht „Dresden“ nach Canneletto
Form Nr. No 11.
H. 9 cm. B. 20 cm. T. 10 cm
Schwertermarke 1820-1860

Vitrine Mitte

Zwei Mokkatassen
„Blätterornamentiik“ kobalt u. gold.
Schwertermarke 1935-1945

Ovales, geflochtenes Henkelkörbchen.
Im Spiegel feinst gemalte Stadtansicht
von „Dresden“ nach Canneletto.
Form Nr. W 6. Schwertermarke 1860- 1924

Vitrine Mitte

Impostante Schloß-Uhr mit figürlicher Staffage und üppigem Blütenbesatz. Modell v. J.J. Kaendler. H. 60 cm Schwertermarke 1840-1860

Freimaurerabzeichen mit verschiedenen Darstellungen auf Meissner Porzellan, gerahmt in Messing. Datiert 1847 Schwertermarke 1820-1860

Vitrine 47

Prunktasse, bauchige Form mit der Ansicht „Vogelgesang bei Königstein“ (auf der Unterseite beschrieben). H. 8 cm. Schwertermarke 1820-1860

Kobaltblaues Koppchen mit „Blumenbukett“. Ø 6 cm Schwertermarke 1935-1945

Kobaltblauer Sahnegießer mit Blumenbukett und Goldmalerei. Schwertermarke 1860-1924

Große Trompetenvase, kobaltblau mit Blasendekor,Watteau-, Papageien- und Insektenmalerei. H. 37 cm Schwertermarke 1814-1816

Zwei Dachshunde mit Hut und Schuhen spielend, bunt staffiert. T. 20 cm, Ø 11cm Schwertermarke 1860-1924 Abb. im Buch H.Davies S.14

Figur aus dem Handwerk „Metzger“, bunt staffiert. Form Nr. 1397, H. 20 cm Schwertermarke 1860-1924

Kobaltblaue Enghals-Vase mit Limogesmalerei (Schlickermalerei Aufglasur) „Kleiner Putto“. H. 22 cm Schwertermarke 1840-1860

Trompetenvase, staffiert mit 6 Blumenbukett und Gold. H. 36 cm. Schwertermarke 1814-1816

Zylindrische, kobaltblaue Schokoladentasse, mit zwei fein gemalten „Frauenportraits“. H. 10 cm Schwertermarke 1774-1814

Kobaltblaues „Vierpassschälchen“ mit Rosenmalerei. Ø 8,5 cm Schwertermarke 1924-1934

Durchbrochene Tischschale, polychrom staffiert. H. 20 cm Schwertermarke 1840-1860

„Affenminiatur“ purpurfarbene, runde Deckeldose. Ø 9 cm Schwertermarke 1840-1860

„Münchhausen auf der Kanonenkugel“ (Holzsockel). Aufglasurfarben und Gold. Modell v. A. Struck Form Nr. O282, H. 40 cm Schwertermarke 1935-1945 Abb. im Buch H.Sonntag

Leuchterpaar „Bauer u. Bäuerin“, bunt staffiert.
Form Nr. 76, H. 28 cm.
Schwertermarke 1860-1924

„Kleiner Tafelaufsatz“
Zwiebelmuster mit Gold
H. 30 cm
Schwertermarke 1840-1860

Deckeltasse in Form eines Tempels mit „Jagdmotiven“ goldstaffiert.
H. 11 cm. Schwertermarke 1820- 1840

Freimaurerabzeichen mit verschiedenen Darstellungen auf Meissner Porzellan, gerahmt in Messing. Datiert 1847
Schwertermarke 1820-1860

Figur aus dem Handwerk.
„Metzger“, bunt staffiert. Form Nr. 1397, H. 20 cm.
Schwertermarke 1860-1924

Prunktasse, bauchige Form mit der Anschicht „Vogelgesang bei Königstein“ (auf der Unterseite beschrieben) H. 8 cm. Schwertermarke 1820-1860

Ovales, geflochtenes Henkelkörbchen. Im Spiegel gemalte Stadtansicht von „Dresden“ nach Canneletto.
Form Nr. W 6. Schwertermarke 1860- 1924

Gelbes Pâte-sur-pâte
Deckeldöschen „Amor mit Pfeil und Feuer“
Ø 7 cm. Schwertermarke 1880-1924

Zwei Dachshunde mit Hut und Schuhen spielend, bunt staffiert. T. 20 cm, Ø 11 cm. Schwertermarke 1860-1924. Abb. im Buch H. Davies S. 14

Figur „Münchhausen auf der Kanonenkugel“ (Holzsockel)
Aufglasurfarben und Gold. Modell v. A. Struck. Form Nr. O282
H. 40 cm. Schwertermarke 1935-1945
Abb. im Buch H. Sonntag. Verwandlungen S.37

„Schmuckdose“, überreiche Gold-, Blumen- und Insektenmalerei. Auf der Deckelinnenseite Stadtansicht „Dresden“ nach Canaletto
Form Nr. No 11. H. 9 cm. B. 20 cm. T. 10 cm. Schwertermarke 1820-1860

Durchbrochene Tischschale, polychrom staffiert.
H. 20 cm. Schwertermarke 1840-1860

Enghalsvase, kobaltblau mit Limogesmalerei „Kleiner Putto“
H. 22 cm. Schwertermarke 1840-1860

Tischleuchter, bunt staffiert.
Schwertermarke 1820-1860

Kleine Schneeballvase mit Goldblättern und Vögeln. Berühmtes Dekor v. J. J. Kaendler H. 16 cm Schwertermarke 1814-1816

Miniatur „Fasanenpaar“ H. 6 cm Schwertermarke 1814-1816

Prunkteller mit Watteaureserve, seegrüner Fond und durchbrochener Rand. Ø 25 cm Schwertermarke 1840-1860

Vergissmeinnicht-Tintenfass in Eiform auf drei Sphinx-Füßen stehend. Form Nr. P 81, H. 14 cm Schwertermarke 1860-1924

Tasse mit antikisierendem Goldrelief. H. 10 cm Schwertermarke 1814-1816 Abb. im Buch H. Jedding T. 23

Teebüchse mit beidseitiger „Bataillenmalerei“. Modell v. J. J. Kaendler. H. 9 cm Schwertermarke 1935-1945 Abb. im Buch Bettina Schuster S. 11

Figurengruppe „Kind im Bett schlafend mit Möpsen“. Form Nr. P 149, L. 16 cm Schwertermarke 1820-1860

Runde „Deckelschüssel“ mit feiner Watteau-, Blumen- und Vogelmalerei (Hausmalerei) Ø 23 cm Schwertermarke 1840-1860

Kleiner, kobaltblauer Kerzenleuchter mit Watteau-, und Blumenreserven. Form Nr. C 62, H. 6 cm Schwertermarke 1840-1860

„Pillendose“ mit kupfergrüner Lupenmalerei. Ø 7 cm Schwertermarke 1840-1860

Großer Korb in Form von Krautblättern, kobaltblau mit Gold. Auf dem Bodeninneren „Blumenbukettmalerei“. Form Nr. Y 3a Schwertermarke 1840-1860

Deckeldose mit „Ansicht v. Moritzburg“, Aquatinta Ø 9 cm Schwertermarke 1924-1934

Füßchen-Schale mit „Hafenansicht“, und feiner Goldmalerei. Ø 25 cm Schwertermarke 1860-1924

Vitrine Mitte

„Fressendes Fohlen“, weiß. Modell v. W. Münch-Khe Form Nr. 1269, H. 12 cm. Schwertermarke 1935-1945 Abb. im Kat. 379. Figuren und Gruppen

„Deutscher Schäferhund stehend“, weiß. Modell v. E. O. Hösel Form Nr. V 188, H. 17 cm. Schwertermarke 1935-1945 Abb. im Buch H. Davies S. 39

Tasse mit Scherenschnittmalerei „Kamel mit Beduine“ H. 8 cm Schwertermarke 1935-1945

Vitrine Mitte

Große Trompetenvase,
grüner Fond mit Blasenmalerei (gold).
Fein gemalte Watteauszene und fünf Blumenminiaturen.
Form Nr. 2757, H. 48 cm. Schwertermarke 1814-1816

„Solitär", tomatenroter Fond mit
Watteaumalerei (Hausmaler)
Tablett L. 37 cm
Schwertermarke 1840 –1860

Pfeifenkopf mit „Stadtansicht
von Edelfingen"
L. 10 cm
Schwertermarke 1820-1840

Vitrine 49

Leuchterpaar „Mutter und Sohn"
u. „Vater und Tochter", Oberteil
abnehmbar, bunt staffiert.
Form Nr. D 176 u. D 177, H. 49 cm
Schwertermarke 1820-1840

„Humpen" mit Jagdmotiv nach
Riedinger bemalt, bossierte Blüten
und Blätter.
H. 15 cm
Schwertermarke 1860-1924

Figur „Komödiant" aus der Commedia
dell'Arte.
Form Nr. D 31, H 17 cm
Schwertermarke 1860-1924

Springender „Apfelschimmel",
bunt staffiert.
Modell wohl v. J. J. Kaendler
H. 9 cm
Schwertermarke 1860-1924

„Dirigent" aus der berühmten
Affenkapelle.
Modell v. J. J. Kaendler und
Peter Reinicke
H. 15 cm
Schwertermarke 1840-1860
Abb. im Buch v. H. Sonntag

Kleines „Schaf"
Form Nr. 1359, Ø 8 cm
Schwertermarke 1860-1924

„Porzellantöpfer" bunt staffiert.
Modell Peter Reinicke, J. J. Kaendler
Form Nr. 1391, H. 19 cm
Schwertermarke 1860-1924
Abb. Titelseite Meißner Porzellan
v. 1710 bis Gegenwart S. 36

„Fischotter", weiß, glasiert.
Modell v. Max Esser, am Sockel sign.
Form Nr. A 1128, H. 42 cm
Schwertermarke 1935-1945

„Esslöffel", polychrom staffiert
L. 20 cm
Schwertermarke 1814-1816

„Weintrauben-Terrine",
Deckel abnehmbar, bunt staffiert.
H. 14 cm
Schwertermarke 1814-1816

Tischdekoration
„Tafelaufsatz mit Cremetöpfchen",
bunt staffiert. H. 28 cm
Schwertermarke 1814-1816

„Jagdhunde", bunt staffiert.
Modell v. C. Jarl, am Sockel sign.
Form Nr. 1969, H. 9 cm
Schwertermarke 1860-1924

Prunkteller mit Watteaureserve, seegrüner Fond und durchbrochener Rand. Ø 25 cm
Schwertermarke 1840-1860

Vergissmeinnicht-Tintenfaß in Eiform auf drei Sphinx-Füßen stehend. Form Nr. P 81, H. 14 cm
Schwertermarke 1860-1924
Springender „Apfelschimmel" bunt staffiert.
Modell wohl v. J. J. Kaendler. H. 9 cm
Schwertermarke 1860-1924
Teebüchse mit beidseitiger „Bataillenmalerei".
Modell v. J. J. Kaendler. H. 9 cm
Schwertermarke 1935-1945
Abb. im Buch Bettina Schuster S. 11

„Weintrauben-Terrine", Deckel abnehmbar bunt staffiert.
H. 14 cm. Schwertermarke 1814-1816

Großer Korb in Form von Krautblättern, kobaltblau mit Gold. Auf dem Bodeninneren „Blumenbukettmalerei". Form Nr. Y 3a
Schwertermarke 1840-1860

Füßchen-Schale mit „Hafenansicht", und feiner Goldmalerei. Ø 25 cm
Schwertermarke 1860-1924

Figur „Komödiant“ aus
der Commedia dell’Arte
Form Nr. D 31, H 17 cm
Schwertermarke 1860-1924

Figurengruppe
„Kind im Bett schlafend mit
Möpsen“
Form Nr. P 149, L. 16 cm
Schwertermarke 1820-1860

„Humpen“ mit Jagdmotiv
nach Riedinger, bossierte
Blüten und Blätter.
H. 15 cm
Schwertermarke 1860-1924

Tischdekoration
„Tafelaufsatz mit Cremetöpfchen“ bunt staffiert,
H . 28 cm. Schwertermarke 1814-1816

Kleine Schneeballvase
mit Goldblättern und
Vögeln. Modell
v. J. J. Kaendler
H. 16 cm
Schwertermarke
1814-1816

„Porzellantöpfer“ bunt staffiert,
Modell Peter Reinicke, J. J. Kaendler
Form Nr. 1391, H. 19 cm
Schwertermarke 1860-1924
Abb. Titelseite Meißner Porzellan
v. 1710 bis Gegenwart S.36

Vitrine 51

Schneeball-Enghalsvase.
Modell v. J. J. Kaendler
H. 27 cm
Schwertermarke
1820-1860

Klassizistische
Mokkakanne,
kobaltblau mit feinster
Lupenmalerei
„Rinaldo et Armica“ u.
„La morte de Clorinde“
H. 13 cm
Schwertermarke
1714-1814

Große „Servier-Platte“
mit feinster Malerei.
In der Mitte
„Gemälde Götterwelt“
H. 42 cm
Schwertermarke
1814-1816

„Bolognesehündchen“,
in abgestuften
Brauntönen staffiert.
Modell v. J. J. Kaendler
H. 21cm
Schwertermarke
1840-1860

Große „Suppenterrine“.
Dekor nach dem berühmten Schwanenservice
für den Grafen Brühl,
bunt staffiert.
Form Nr. 1482, H. 27 cm
Schwertermarke
1860-1924

Verschiedene
Puppengeschirrteile
„Blumenmalerei“
Schwertermarke von
1860-1945

Große Blumen-Vase mit
reichem Blütenbesatz und
zwei Watteaureserven.
Form Nr. 383, H. 50 cm
Schwertermarke
1860-1924

Puppen-Teekännchen
„Vogelsteinmalerei“, blau.
H. 5 cm
Schwertermarke
1820-1840

Schreibset mit
Taschenuhrständer,
bunt staffiert.
Form Nr. A 175, H. 32 cm
Schwertermarke
1820-1840. Abb. im Buch
L. Mitchell T. 167

„Bolognesehündchen“,
in abgestuften Brauntönen staffiert.
Modell v. J. J. Kaendler
H. 21 cm
Schwertermarke 1840-1860

Schnupftabaks-Flasche, weiß, „Erotika“
Rückseite: Entblößtes Hinterteil mit dem Spruch „mich konn se alle“. Vorderseite: „mich och“. H. 7 cm.
Schwertermarke 1935-1945

Stockgriff mit „Damenkopf“,
und Watteaumalerei. L. 11 cm
Schwertermarke 1840-1860

Große „Suppenterrine“. Dekor nach dem berühmten Schwanenservice für den Grafen Brühl, bunt staffiert. Form Nr. 1482, H. 27 cm
Schwertermarke 1860-1924

Klassizistische Mokkakanne, kobaltblau mit Lupenmalerei
„Rinaldo et Armica“ u. „La morte de Clorinde“
H. 13 cm Schwertermarke 1714-1814

Schreibset mit Taschenuhrständer, bunt staffiert.
Form Nr. A 175, H. 32 cm Schwertermarke 1820-1840. Abb. im Buch L. Mitchell T. 167

„Mandelschalenpaar“, bunt staffiert.
Form Nr. 2858 und 2863. Schwertermarke 1945-1948

Paar Teller, tomatenroter Rand,
im Spiegel feinste Malerei
„Reineke Fuchs“. Ø 23 cm
Schwertermarke 1860-1924

Vitrine 52

Paar Teller, tomatenroter Rand. Im Spiegel feinste Malerei„Reineke Fuchs“
Ø 23 cm
Schwertermarke 1860-1924

„Mandelschalenpaar“, bunt staffiert
Form Nr. 2858 u. 2863
Schwertermarke 1945-1948

Kobaltblaue „Federschale, Deckeldose und Füßchenvase“. Alle Stücke bemalt mit feinsten Watteau-u. Blumenreserven in Goldbordürenmalerei.
L. 23 cm, Ø 28 cm,
H. 14 cm
Schwertermarke 1820-1840

Schnupftabaks-Flasche, weiß, „Erotika“
Rückseite: Entblößtes Hinterteil mit dem Spruch „mich konn se alle“
Vorderseite: „mich och“
H. 7 cm
Schwertermarke 1935-1945

Leuchterpaar als „Schäfer und Schäferin“, kobaltblau staffiert.
Fr. 131 und 132, H. 36 cm
Schwertermarke 1820-1860

Kamin-Uhr mit reichem Blüten-Besatz und Figuren. Als Bekrönung ein krähender Hahn.
H. 53 cm
Schwertermarke 1860-1924

Taubenblaue Dose mit „Blumenbouquet“.
Ø 9 cm
Schwertermarke 1924-1934

Vase mit Schneeballblütendekor, aufgesetzten Blättern und Vögeln.
Modell v. J. J. Kaendler
H. 16 cm
Schwertermarke 1814-1816

Stockgriff mit „Damenkopf“, und Watteaumalerei.
L. 11 cm
Schwertermarke 1840-1860

Vitrine 50

„Bernhardiner“
Modell v. V. Oehler
Form Nr. 117, H. 18 cm
Beamtenporzellan
Schwertermarke
1924-1934
Abb. im Buch H. Davies
S. 48

Medaillen mit Eifelturm,
weiß
Schwertermarke von 1940

„Auerochse“ weiß
Modell v. E. Oehme,
am Sockel sign.
Form Nr. O 235, L. 45 cm
Schwertermarke nach
1900
Abb. im Buch Figuren
und Gruppen T. 50

Drei verschiedene
Humpen von den
Mitarbeitern der
Manufaktur.
Beschrieben a. d.
Unterseite.
Hugo Essler beim Angeln.
Schwertermarke
1935-1945

„Taufgeschirr“,
weiß mit Goldrand.
Ø 31 cm
Schwertermarke
1840-860

Große Figur
„Adler mit Schlange“
weiß.
Auf der Schlange sign.
F. Bernuth, mit originaler
Schenkungsurkunde.
L. 47 cm
Schwertermarke
1935-1945

Geburtstags-Medaillen
und Geld.
Böttgersteinzeug
1921-1939

Großer rot gefiederter
Papagei (Ara) auf einem
Baumstumpf sitzend mit
einer Kirsche in der
Kralle.
Modell v. J. J. Kaendler
Form Nr. A 43 H. 40 cm
Schwertermarke
1840-1860

Vitrine 53

Paar „Schlangenhenkelvase“ mit Blumemalerei, goldstaffiert.
Modell v. E. A .Leuteritz
H. 28 cm
Schwertermarke 1840-1860

Sammlung verschieden großer „Tauben“.
Ihre zierliche Gestalt, ließ sie schon in der Antike zum Symbol der Fruchtbarkeit und Liebe werden.
Modell v. J. J. Kaendler
Schwertermarken von 1820-1924
Abb. im Buch Alexanders Tiere A. Guttmann S.101

Zwei „Rhinozerosse“ (Nashörner) bunt staffiert.
Modell v. J. J. Kaendler
L. 17 cm
Schwertermarken von 1814-1840
Abb. im Buch The H. Lloyd Hawkins S.74

Figur „Amerika“, bunt staffiert.
Modell wohl E. Meyer
Form Nr. 1690, H. 15 cm
Schwertermarke 1840-1860

Büste „Friedrich des Großen“ auf Holzsockel, weiß.
Modell von Kronsbein, sign.
Schwertermarke 1935-1945
Abb. im Buch Figuren und Gruppen Band 2 T. 9

Schatulle mit Notgeld.
Böttgersteinzeug
Schwertermarke nach 1900

Purpurfarbene „Vierpass-Deckel-Dose“ mit Unterschale.
Sechs Miniaturen und Blumen (Hausmalerei).
Als Deckelbekrönung eine Zitrone.
Ø 24 cm
Schwertermarke 1860-1924

Figur „Amerika“ bunt staffiert.
Modell wohl E. Meyer
Form Nr. 1690, H. 15 cm
Schwertermarke 1840-1860

Zwei „Rhinozerosse“ (Nashörner) bunt staffiert. Modell v. J.J. Kaendler
L. 17 cm. Schwertermarken von 1814-1840
Abb. im Buch The H. Lloyd Hawkins S.74

Sammlung verschieden großer „Tauben“. Ihre zierliche Gestalt, ließ sie schon in der Antike zum Symbol der Fruchtbarkeit und Liebe werden.
Modell v. J. J. Kaendler. Schwertermarken von 1820-1924
Abb. im Buch Alexanders Tiere A. Guttmann S.101

Purpurfarbene „Vierpass-Deckel-Dose“ mit Unterschale. Sechs Miniaturen und Blumen (Hausmalerei).
Als Deckelbekrönung eine Zitrone. Ø 24 cm. Schwertermarke 1860 –1924

Schatulle mit Notgeld.
Böttgersteinzeug
Schwertermarke nach 1900

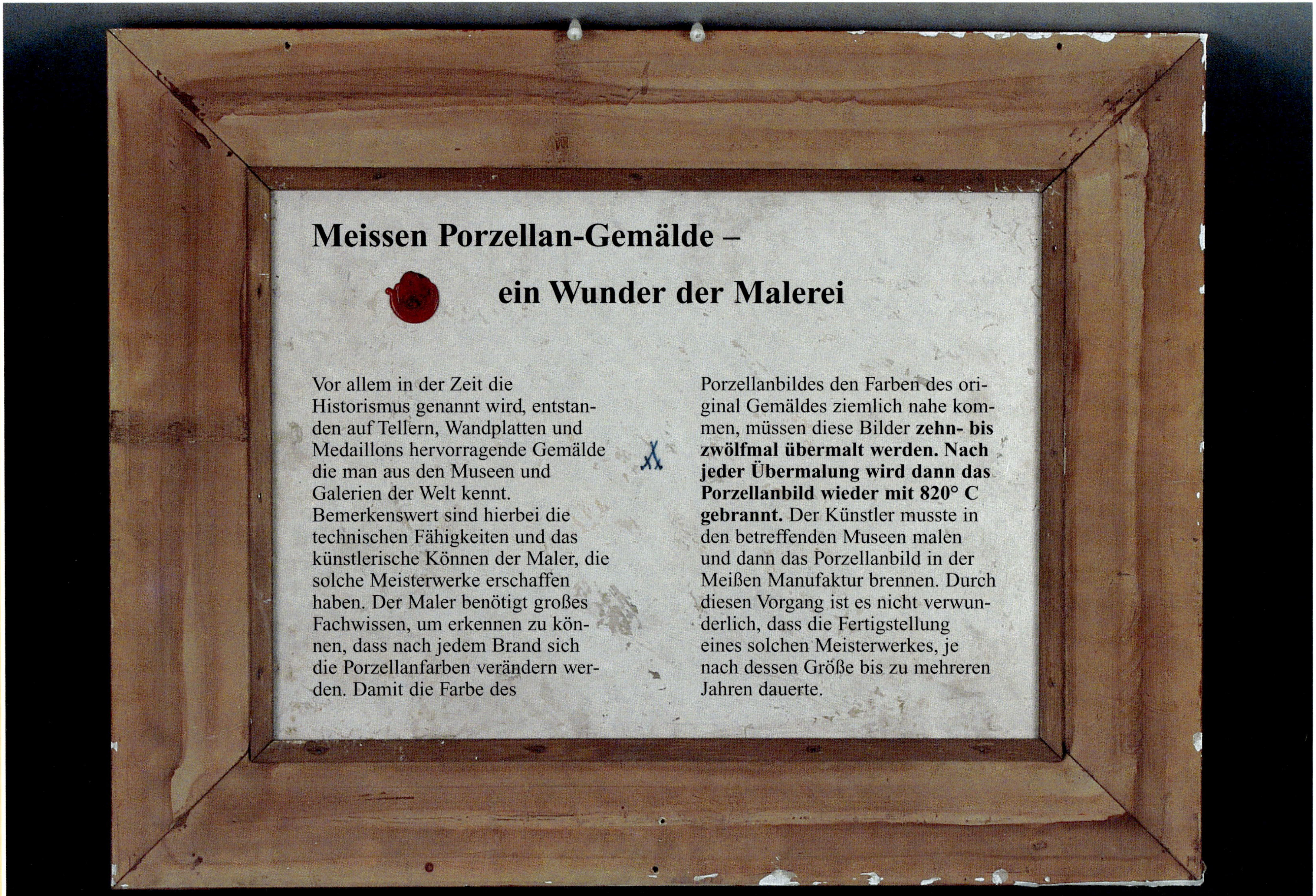

Meissen Porzellan-Gemälde – ein Wunder der Malerei

Vor allem in der Zeit die Historismus genannt wird, entstanden auf Tellern, Wandplatten und Medaillons hervorragende Gemälde die man aus den Museen und Galerien der Welt kennt. Bemerkenswert sind hierbei die technischen Fähigkeiten und das künstlerische Können der Maler, die solche Meisterwerke erschaffen haben. Der Maler benötigt großes Fachwissen, um erkennen zu können, dass nach jedem Brand sich die Porzellanfarben verändern werden. Damit die Farbe des Porzellanbildes den Farben des original Gemäldes ziemlich nahe kommen, müssen diese Bilder **zehn- bis zwölfmal übermalt werden. Nach jeder Übermalung wird dann das Porzellanbild wieder mit 820° C gebrannt.** Der Künstler musste in den betreffenden Museen malen und dann das Porzellanbild in der Meißen Manufaktur brennen. Durch diesen Vorgang ist es nicht verwunderlich, dass die Fertigstellung eines solchen Meisterwerkes, je nach dessen Größe bis zu mehreren Jahren dauerte.

Rückseite des Bildes von S. 75

Bedeutendes Meissner-Porzellan-Gemälde „Maria mit dem Kinde, Johannes dem Täufer und der heiligen Katharina“.
Das Original-Gemälde befindet sich in der Gemäldegalerie „Alter Meister in Dresden“.

Prunkteller mit durchbrochenem Rand, kobaltblau. Im Spiegel Miniatur „Reiter bei der Rast"
Ø 25 cm
Schwertermarke 1820-1840

Zuckerdose, weiß mit Goldornamentikdekor.
H. 10 cm
Schwertermarke 1860-1880

Miniaturväschen mit feinster Hühner-und Entenmalerei.
H. 10 cm
Schwertermarke 1814-1816

Duftvase mit Putto, bossierten Blüten, Blättern und Watteaumalerei.
Modell v. E. A. Leuteritz
Form Nr. 2702, H. 43 cm
Schwertermarke 1820-1860
Abb. im Buch H. Jedding S. 68

Kleines Jugendstil Puppenkännchen mit bossierten Blüten u.Blättern.
H. 6,5 cm
Schwertermarke 1860-1924

Durchbrochener Korb mit Astfüßen und aufgesetzten Blüten und Blättern. Blumenmalerei.
Form Nr. C 6, Ø 34 cm
Schwertermarke 1860-1924

Kleiner Leuchter mit aufgesetzten Vergissmeinnichtblüten und Blättern.
H. 13 cm
Schwertermarke 1820-1840

Durchbrochener Obstkorb mit Astfüßen und aufgesetzten Blüten u. Blättern,
Form Nr. A 57, L. 32 cm
Schwertermarke 1820-1840

Kommoden Uhr mit Engel und Turteltauben. Französisches Uhrwerk.
Modell v. M. V. Acier
Form Nr. F 36, H. 30 cm
Schwertermarke 1820-1860

Durchbrochener Korb mit Fuß, bunt staffiert, Hausmalerei.
H. 14,5 cm
Schwertermarke 1860-1924

Vitrine Mitte

„Teedose und Kumme" mit gelbem Fond und jeweils zwei fein gemalten Blumenkartuschen.
H. K. 9 cm , H. T. 10 cm.
Schwertermarke 1763-1774

Prunkvase 4- teilig, im Schneeballdekor mit aufgesetzten Blüten, Ästen, Schneeballen und Vögeln.
In der Mitte ein Vogelkäfig, im Innern Vogel und Schneeballen.
Modell v. J. J. Kaendler. H. 57 cm. Schwertermarke 1814-1816

Vitrine 55

„Vase" weiß mit Blumenmalerei dekoriert.
H. 35 cm
Schwertermarke 1924-1934

Ovale Platte mit Goldrand.
Im Spiegel „Engelchen, in Sepiamalerei"
L. 36 cm
Schwertermarke 1774-1814

„Schlangenhenkelvase", Gefäßwandung mit bunten Blumen bemalt.
Modell v. Leuteritz
H. 37 cm
Schwertermarke 1860-1924

Kleines, kobaltblaues Deckelväschen
mit beidseitiger Limogesmalerei „Kleine Puttos"
H. 14 cm
Schwertermarke 1820-1860

Verschiedene Broschen und Anhänger.
Schwertermarke von 1935- 1945

„Die drei Grazien", Bisquitporzellan, weiß.
Modell v. C. Jüchtzer
H. 42 cm
Schwertermarke 1774-1814
Abb. im Buch G. Meier T. 37

Deckelbecher mit feinster Rundum-Lupenmalerei, „Kauffahrtei- und Hafenszenen mit Figuren".
H. 17 cm
Schwertermarke 1820-1860

Vitrine Mitte

Kaffeeservice (Tête à tête)
mit Steublümchendekor und rechteckiger Platte.
Ø 38 cm Platte
Schwertermarke 1820-1840

Deckelpokal mit feinster Rundum-Bemalung.
Deckelknauf eine Knospe.
H. 17 cm. Schwertermarke 1820-1860

Große Boden-Henkelvase, gelber Fond mit
Watteau- und Blumenmalerei. H. 60 cm.
Schwertermarke 1824-1834

Kaffeeservice (Tête à tête)
mit Steublümchendekor und rechteckiger Platte
Ø 38 cm Platte. Schwertermarke 1820-1840.
Verschiedene Meissen-Anhänger

„Teedose“ mit gelbem Fond und jeweils zwei fein gemalten Blumenkartuschen. H. 9 cm ,
H. T. 10 cm. Schwertermarke 1763-1774
Kleiner Leuchter mit aufgesetzten Vergissmeinnichtblüten und Blättern.
H. 13 cm. Schwertermarke 1820-1840
Kleines Jugendstil Puppenkännchen mit bossierten Blüten u. Blättern.
H. 6,5 cm. Schwertermarke 1860 –1924
Prunkteller mit durchbrochenem Rand, kobaltblau. Im Spiegel Miniatur „Reiter bei der Rast“
nach Wouwerman. Ø 25 cm. Schwertermarke 1820-1840
Miniaturväschen mit feinster Hühner- und Entenmalerei. H. 10 cm. Schwertermarke 1814-1816
Durchbrochener Korb mit Fuß, bunt staffiert, Hausmalerei. H. 14,5 cm.
Schwertermarke 1860-1924

Ovale Platte mit Goldrand.
Im Spiegel „Engelchen“, in Sepiamalerei.
L. 36 cm. Schwertermarke 1774-1814

Kleines, kobaltblaues Deckelväschen mit beidseitiger
Limogesmalerei „Kleiner Putto“. H. 14 cm
Schwertermarke 1820-1860

Vitrine 57

Teller „Der Frühling“.
Form Nr. T 22, Ø 27 cm
Schwertermarke 1860-1924

Miniatur-Flacon mit
Tischchenmuster. H. 7 cm
Schwertermarke 1820-1840

„Gentleman“, bunt staffiert.
Form Nr. M 133, H. 24 cm
Schwertermarke 1820-1840

„Wachtelhund“, bunt staffiert.
Modell v. J. Ungerer
H. 6,5 cm
Schwertermarke 1924-1934
Abb. im Buch H. Davies S. 14

Wandleuchter, zweiarmig mit
Putto, aufgesetzten Blüten-
blättern und Blumenmalerei.
Form Nr. C 32, H 36 cm
Schwertermarke 1840-1860

„Dame mit Muff“, weiß. H. 6 cm
Schwertermarke 1774-1814

Zuckerdose, bunt staffiertes
Reliefdekor mit mytholo-
gischer Szene. Capo de Monte-
Stil. H. 11cm
Schwertermarke 1860-1924

Teller „Musizierende und
tanzende Leute“,
feine Goldbordürenmalerei
(Hausmalerei). Ø 21 cm
Schwertermarke 1860-1924

Kleiner, gelber Leuchter mit
Watteau-u. Blumenmalrei.
Schwertermarke 1820-1840

Schneeballblüten-Deckelvase,
mit bossierten Blüten,
Schneeballen,
Blättern und Vögeln.
Modell v. J. J. Kaendler
H. 36 cm
Schwertermarke 1860-1924

Kobaltblaues Tintenfass mit
feiner Watteaumalerei. Ø 17 cm
Schwertermarke 1820-1860

„Schlossvase“,
in der Art gemalt wie der
Stein-Lapislazuli.
Zwei große u. zwei kleine
Miniaturen. H. 39 cm
Schwertermarke 1860-1924

Figur aus der Serie der
Comedia dell`Arte
Modell v. J. J. Kaendler
Form Nr. 541, H.13 cm
Schwertermarke 1935-1945

„Kartenhalter“, Hausmalerei.
Schwertermarke 1860-1924

Kleiner Husar zu Pferde.
Form Nr. 2616, H. 8,5 cm
Schwertermarke 1814-1816

Husar reitend auf einem
Schimmel.
Form Nr. 1132, H.28 cm
Schwertermarke nach 1948

Tasse mit Schlangenhenkel,
kobaltblau/gold, feine Watteaureserven.
H. 8 cm
Schwertermarke 1840-1860

Säulenleuchter mit feiner Watteau-,
Rundum-Malerei und vier
Frauenköpfen.
Form Nr. Q 87, H. 20 cm
Schwertermarke 1820-1860

Miniatur „Eule“, bunt staffiert.
H. 4,5 cm
Schwertermarke 1860-1924

Höfisches Paar sitzend auf einer Bank,
bunt staffiert.
Form Nr. Y 34, H. 14 cm
Schwertermarke 1820-1860

Großer und kleiner Eisbär,
naturalistisch modelliert, weiß.
Modell v. Jarl
Formnummer T 181 und T 182
Schwertermarke 1860-1924

Deckeldose mit „Blauer Blume“
dekoriert, Goldrand.
Ø 16 cm
Schwertermarke 1935-1945

Leuchterpaar Mutter u.Sohn,
Vater u. Tochter, bunt staffiert.
Form Nr. D 177, H. 47 cm
Schwertermarke 1860-1924

Kobaltblaues Deckelterrinchen mit
Prèsentoir u. verschiedenen
Stadtansichten,
„von Rathen“, „Pillnitz“ und
„Dresden“, auf dem Unterteller
„Blumenreserven“.
Ø 19 cm
Schwertermarke 1860-1924

„Kleine kobaltblaue Blattschale“
mit Limoges-Malerei.
Ø 14 cm
Schwertermarke 1860-1924

Zwiebelmuster Mokkakännchen
mit Tierausguß in Form eines
Delphinkopfes.
Beamtenporzellan
H. 21 cm
Schwertermarke 1935-1945

Vitrine Mitte

Imposanter, großer Leuchter mit 3 Puttos, bossierten
Blüten und Blättern. Alle Arme abnehmbar.
Aus der Sammlung Freiherr von Richthofen.
H. 94 cm. Schwertermarke 1820-1860

Vitrine 57

Prunkteller, mit den 4 Jahreszeiten im Capo dè Monte-Stil,
4 kleine Miniaturgemälde in purpur-und einer großen Landschaftsminiatur in feinster Qualität.
Ø 23 cm
Schwertermarke 1860-1924

Winzerjunge mit Butte.
Form Nr. 8, H. 13 cm
Schwertermarke 1860-1924

Durchbrochener Korb mit bossierten Vergissmeinnichtblüten und Asthenkeln.
Form Nr. 66, Ø 34 cm
Schwertermarke 1935-1945

Sitzender Winzerjunge, der sich an einer Butte aufstützt, bunt staffiert.
Form Nr. 14, H. 11 cm
Jubiläumsmarke 1710-1910

„Duftvase", druchbrochene Wandung mit bossierten Blumen und Früchten.
Form Nr. 1910, H. 33,5 cm
Schwertermarke 1814-1816

Zwei Schälchen mit kupfergrüner Hausmalerei
Ø 12 cm
Schwertermarke 1860-1924

Servierplatte mit grün- und goldstaffiertem Rand. Im Spiegel große Watteauszene „Höfische Paare in Parklandschaft beim Zechen",
Hausmalerei.
Form Nr. C 172, L. 43 cm
Schwertermarke 1860-1924

Zwei Löffel, bunt staffiert.
L. 14.5 cm
Schwertermarke 1774-1814 Marcolini

Ovaler Früchtekorb mit knorrigen Asthenkeln, aufgesetzten Früchten, Blumen u. Hagebutten.
Ø 31 cm
Schwertermarke 1814-1816

Deckeltasse mit Schneeballblüten, aufsetzten Blättern und Vögeln.
Modell v. J. J. Kaendler
H. 15 cm
Schwertermarke 1820-1860

„Duftvase“, durchbrochene Wandung, mit bossierten Blumen und Früchten.
Form Nr. 1910, H. 33,5 cm. Schwertermarke 1814-1816

Prunkteller, mit den 4 Jahreszeiten im.Capo dè Monte Stil,
4 kleine Miniaturgemälde in purpur und einer
großen Landschaftsminiatur in feinster Qualität.
Ø 23 cm. Schwertermarke 1860-1924

Deckeltasse mit Schneeballblüten,
aufsetzten Blättern und Vögeln.
Modell v. J. J. Kaendler
H. 15 cm
Schwertermarke 1820-1860

Winzerjunge mit Butte, bunt staffiert.
Form Nr. 8 , H. 13 cm. Schwertermarke 1860- 1924

Zwei Schälchen mit kupfergrüner Hausmalerei. Ø 12 cm. Schwertermarke 1860-1924

Sitzender Winzerjunge, der sich an einer Butte aufstützt,
bunt staffiert. Form Nr. 14, H. 11 cm. Jubiläumsmarke 1710-1910

Zwiebelmuster Mokkakännchen mit Tierausguss in Form eines Delphinkopfes. Beamtenporzellan
H. 21 cm. Schwertermarke 1935-1945

Paar sitzend auf einer Bank, bunt staffiert.
Form Nr. Y 34, H. 14 cm
Schwertermarke 1820-1860

Säulenleuchter mit feiner Watteau-Rundum-Malerei und vier Frauenköpfen.
Form Nr. Q 87, H. 20 cm
Schwertermarke 1820-1860

Kobaltblaues Deckelterrinchen mit Prèsentoir. Verschiedene Stadtansichten „von Rathen", „Pillnitz" und „Dresden", auf dem Unterteller „Blumenreserven". Ø 19 cm. Schwertermarke 1860-1924

Miniatur „Eule", bunt staffiert. H. 4,5 cm
Schwertermarke 1860-1924
Zwei Löffel, bunt staffiert. L 14,5 cm.
Schwertermarke 1774-1814.

Kleine, kobaltblaue Blattschale mit Limoges-Malerei
Ø 14 cm. Schwertermarke 1860-1924.

Vitrine 57

Große Prunk-Uhr mit allegorischen Figuren, Wappen und Sockel. Dazu gehörend, fünfarmiges Leuchterpaar, aus dem Sulkowsky Service, bunt staffiert. Alle drei Teile sind mit den Wappen des Sächsischen Könighauses versehen.
Modell v. J. J. Kaendler und J. F. Eberlein
Uhr, Form Nr. 45,
H. 70 cm.
Leuchter 99, H. 60 cm,
Schwertermarke
1840 -1860
Abb. im Buch
H. Jedding S. 68

Paar große Trichtervasen mit aufgestetzten knorrigen Ästen, an denen rechts und links jeweils ein Putto sitzt. Bossierte Früchte, Blüten u. Blätter. Wandung bemalt mit Watteau-,Vogel- und Blumenreserven, goldstaffierte Ränder.
Form Nr. 2757, H. 35 cm. Schwertermarke 1814-1816 u. 1820-1840

Großer rot gefiederter
Papagei (Ara) auf einem
Baumstamm sitzend, mit einer
Kirsche in der Kralle.
Modell v. J. J. Kaendler
Form Nr. A 43, H. 40 cm
Schwertermarke 1840-1860

„Europa auf dem Stier"
Modell v. Fr. E. Meyer.
Form Nr. 2697, H. 21 cm
Schwertermarke 1840-1860

Zwei prächtige Teller mit aussergewöhnlich gearbeitetem Durchbruchrand.
Auf gelbem Fond feinst gemalte „Schäferszene". Ø 25 cm
Schwertermarke 1820-1840. Gegenstück.: tomatenroter Fond

Vitrine 62

Verschieden große und kleine Teller.
„Aquatinta“.
Schwertermarke
1900-1950

„Deckel-Vase“
Wandung durchbrochen mit
aufgesetzten Früchten, Blüten und Blätterranken,
goldstaffierte Ränder. H. 50 cm.
Schwertermarke 1860-1924

Kugelförmiges Bowlegefäß mit
aufgesetzten Henkeln, stehend auf einem
Teller. Gelber Fond mit Watteau- und
Blumenreserven. (Hausmalerei)
H. 26 cm
Schwertermarke 1860-1924

„Gazellen“, bunt staffiert.
Modell v. Otto Pilz, am Sockel sign.
Form Nr. B 53, H. 29 cm
Schwertermarke 1935-1945

Verschiedene Anhänger mit und
ohne Silberfassung
Schwertermarken von 1935-1945

Vitrine 66

Kaffeeservice für
12 Personen
40-teilig

Dekor: „Blumenbouquet
mit kobaltblauem Rand
und Goldkante“.

Schwertermarken von
1924-1945

Vitrine 65

Speiseservice für
6 Personen, 21-teilig

Dekor: „Blumenbouquet mit
kobaltblauem Rand und
Goldkante“.

Schwertermarken von
1924- 1945

Vitrine 67

Vitrine 68

Großer Tafelaufsatz
mit Puttos als Jahreszeiten,
bossierten Blüten und Blättern,
stehend auf einem Sockel.
Gold- Pastellfarben staffiert.
Modell v. E. A. Leuteritz
Form Nr. 605, H. 65 cm mit Stand.
Schwertermarke 1860-1924

Schlangenhenkel Vase,
violetter Fond, Wandung bemalt mit
vier Reiterszenen (Hausmalerei)
Modell v. E. A. Leuteritz
Form Nr. A 148, H. 49 cm
Schwertermarke 1820-1860

Vitrine 69

Verschiedene Service-Teile und Formen mit „Blumenmalerei I"
Schwertermarke 1860-1924

Vitrine 70

Verschiedene Zwiebelmusterteile. Besteck, Korb, Krug, Salz und Pfeffer, Lampe, Pokal, Teller, Kanne usw. Schwertermarke von 1820-1934

Vitrine 71

Verschiedene Zwiebelmusterteile. Teller, Teekanne Kaffeekanne, Zuckerdose, Früchtekorb, Krug, Schreibzeug, Eierbecher, Leuchter, Puppentässchen usw.
Schwertermarken von 1820-1934

Vitrine 72

Verschiedene Service-Teile „Neubrandensteindekor mit Blumebukett u. Streublümchen", teilweise mit Monogramm aus dem Besitz Kaiser Wilhelm II. dat. 1894. Schwertermarken 1860-1924

Vitrine 73

Wunderschöne Petroleum-Lampe
„Zwiebelmuster“
H. 60 cm
Schwertermarke 1860-1924

Mocca-Dèjeuner mit
quadratischem Tablett
„Weinlaubdekor“
Schwertermarke 1860-1924

Vitrine 74

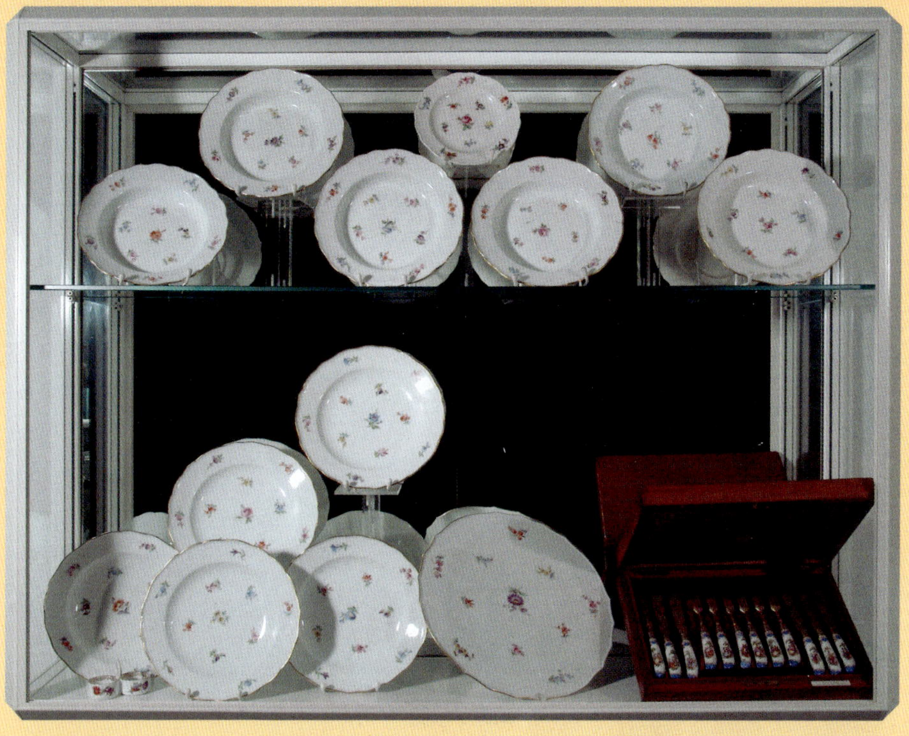

Verschiedene Speiseservice-Teile
„Streublümchendekor“

Besteckkasten für 12 Persoen,
Porzellangriffe mit Watteauszenen
und blauen Schuppen dekoriert.
Schwertermarke 1860-1924

Vitrine 75

Verschiedene
Speiseservice -Teile
„Streublümchendekor“

Salz und Pfeffer,
Schwanentasse,
Fischplatte u. Löffelchen
Schwertermarken von
1860-1924

Vitrine 78

Auf einem Baumstumpf
„Vogelpärchen mit Jungen im Nest“,
weiß, H.40 cm
Schwertermarke nach 1948

Weinbecher und Trichter,
von 1985

Koppchen mit Unterteller
von 1982

Vitrine 77

Speise-Service 24-teilig
Dekor „Indisch Purpur“
Schwertermarke 1860-1924

Vitrine 76

Verschiedene
Kaffeeservice-Teile
„Streublümchendekor“
Schwertermarken
1860-1924

Vitrine 80

Speise-Service 53-teilig,
sowie Gewürzschälchen,
Kürbisväschen und Sauciere.
Dekor „Blumenbouquet u.
Streublümchenmalerei
mit Insekten".
Schwertermarke 1860-1924

Vitrine 81

Speise-Service 53-teilig,
sowie Gewürzschälchen
und Blumenmädchen.
Dekor „Blumenbouquet u.
Streublümchenmalerei
mit Insekten".
Schwertermarke 1860-1924

Vitrine 82

„Ziegenbock", stehend auf einer
umgedrehten Tasse, weiß
Form Nr. V 107, H. 30 cm
Schwertermarke 1935-1945

7-armiger Tischleuchter mit
Puttos, bossierten Blüten
und Blättern, Watteaumalerei.
Krone abnehmbar.
Modell v. E. A. Leuteritz
Form Nr. 200, H. 60 cm
Schwertermarke 1820-1840

Vitrine 83

Speise-Service für 6 Personen
Dekor „Aus der Mitte gemaltes Blumenbouquet".
Schwertermarke 1860-1924

Vitrine 84

Speise-Service für 6 Personen
mit Vesperbrettchen.
Dekor „Zwiebelmuster mit Gold und Koralle"
Schwertermarke nach 1948

Vitrine 86

„Mops-Sammlung"
verschiedene Größen und Darstellungen.
Modell v. J. J. Kaendler
H. von 3,5 cm bis 25 cm
Schwertermarken 1820-1935

Verschiedene Geschirrteile aus einem Puppenservice, sowie eine Glocke, Eierbecher und Vasen. Alle Teile mit aufgesetzten Blüten und Blättern dekoriert.
Schwertermarke 1820-1924

„Edelfalken" auf einem Baumstumpf sitzend, bunt staffiert.
Modell v. Hermann Fritz
Form Nr. 185, H. 40 cm
Schwertermarke 1935-1945

Hochbedeutendes Porzellanbild nach Valentin de Boulogne „Die Falschspieler“, von Martin Heinrici (1711-1786). Im Originalrahmen. Schwertermarke 1740-1760. Größe 33 x 25 cm.

Sechs Teller aus dem berühmten „Drei-Kaiser-Service“. Meissen 1820-1840. Ø.: 24 cm.

Anlässlich des Treffens der drei Kaiser, Zar Alexander II. von Russland, Wilhelm I. von Deutschland und Franz Josef II. von Österreich 1872 in Berlin, wurde dieses Service als Geschenk des Königshauses von Sachsen überreicht. Jeder Kaiser erhielt ca. 400 Teile.

Die hier abgebildeten Stücke stammen aus dem Besitz der Familie des Prinzen Yourievsky, dem letzten Nachkommen von Zar Alexander II. von Russland.

„Kurfürst August dem Starken werden die Arcana der Fabrik gezeigt – 1710“.
Albrechtsburg Meißen (Böttgerzimmer). Paul Kießlich (1836-1919). Öl-Wachs-Malerei, 2. H. d. 19. Jh.

„Böttger laboriert in der Burg auf Gold – 1705“. Albrechtsburg Meißen (Böttgerzimmer).
Paul Kießlich (1836-1919). Öl-Wachs-Malerei, 2. H. d. 19. Jh.

Sechs bedeutende Teller mit Landschaften aus der sächsischen Schweiz.
Ø. 24,5 cm. Schwertermarke um 1820

Malerei von Christian Gottlieb Hottewitzsch, der auch am Wellington-Service beteiligt war.

Von links im Uhrzeigersinn: Festung Königstein, Schloß Wesenstein, Borsberg bei Pillnitz, Proßen, Felsenthor auf dem Neurathen und die Albrechtsburg in Meissen. Die Teller sind rückseitig bezeichnet. Siehe auch Otto Walcha „Meissener Porzellan", Abb. S. 196. Sammlung Just, Prag.

Der Anfang gab's der Erde, die Erde den Händen,
die Hände dem Feuer, das Feuer dem Licht zum Spiele:
Hart, doch zart, undurchsichtig, doch klar:
Das ist vollendet!

Was ist Porzellan?
Porzellan gehört zur großen Gruppe der Keramik, die alle im wesentlichen aus Ton oder besser gesagt, aus tonmineralhaltigen Rohstoffen erzeugten Waren umfaßt.
Die Gruppe Keramik beginnt mit dem einfachen Lehmziegel als der untersten Stufe. Man spricht hier von Grobkeramik. Sie setzt sich fort über die Irdenware, dem Beginn der Feinkeramik, Majolika, Fayence, Steingut, Steinzeug, um in Porzellan ihre Krönung und Vollendung zu erfahren.
Eine genaue wissenschaftliche Bestimmung des Begriffs "Porzellan" ist sehr schwierig, da Porzellan trotz seines einheitlichen Aussehens in seinem Aufbau keinen einheitlichen Körper darstellt. Man bezeichnet es am besten als ein Gebilde, bei dem vor allem zwei Hauptteile zu unterscheiden sind: Masse bzw. Scherben und Glasur. Die Porzellanglasur entspricht in ihrer Zusammensetzung dem Glas. Die Masse, oder im gebrannten Zustand besser als Scherben bezeichnet, besteht zu rund 65 bis 80 % ebenfalls aus Glas, in dem winzige Mullit- und Quarz-Kristalle eingebettet sind (nach Dietzel: 65 % Glas, 20 - 25 % Mullit, 10 - 15 % Quarz). Die glasige Grundmasse ist daher der Hauptgrund, warum Porzellan durchscheinend (transparent) ist - worin es sich auch vom Steingut und Steinzeug unterscheidet.
Scherben ist der Fachausdruck für einen geformten, getrockneten oder gebrannten keramischen Gegenstand, welcher noch nicht glasiert ist. Die einzelnen Bestandteile (Komponenten) im Fertiggegenstand, wie Glas und ein Teil der eingebetteten Kristalle, bilden sich erst beim Brennen.

Woher kommt das Wort Porzellan?
Das Wort Porzellan ist abgeleitet aus dem italienischen "porcella", dem Namen einer wie Porzellan aussehenden Muschel. Angeblich hat M a r c o P o l o diese Bezeichnung als erster für die chinesischen Erzeugnisse dieser Art angewandt, weil er auch glaubte, daß die Chinesen aus dieser Muschel das Porzellan herstellen würden..

Woran erkennt man Porzellan?
Am schnellsten und sichersten erkennt man Porzellan an seiner Transparenz bzw. Transluzenz, dem Durchschein bei Halten gegen das Licht – eine Prüfung, die jedermann überall und schnell durchführen kann. Weitere Kennzeichen sind hervorragender Glanz der Oberfläche, ein heller, wohllautender Klang und die reine Farbe, die heute, verursacht durch modische Einflüsse und ermöglicht durch die technische Entwicklung, vom bläulichen Weiß bis zu einem ausgesprochenen Elfenbeinton spielen kann. Die Bruchfläche des Porzellanscherbens ist glatt, dicht und saugt kein Wasser an. Mit einem einfachen Versuch lässt sich das feststellen: man fühlt mit der Zunge über die Bruchfläche. Bleibt die Zunge haften, handelt es sich um Steingut oder ein anderes keramisches Erzeugnis (Irdenware, Fayence, Majolika), gleitet sie glatt über die Fläche hinweg und ist der Scherben auch noch durchscheinend, ist es Porzellan.

Gibt es verschiedene Arten von Porzellan?
Wir unterscheiden zwei Hauptarten von Porzellan, das Hartporzellan (Erfinder: Johann Friedrich Böttger und Ehrenfried Walter von Tschirnhaus, Mathematiker und Physiker, 28. März 1709). (Pâte dure, engl. hard paste) und das Weichporzellan (Pâte tendre, engl. soft paste). Das Hartporzellan wird vorwiegend auf dem europäischen Kontinent, das Weichporzellan vorzugsweise in China, Japan und in England hergestellt.
Der Vollständigkeit halber sei in diesem Zusammenhang noch auf eine Porzellanart hingewiesen, das sogenannte Frittenporzellan, das wohl auch zur Weichporzellangruppe gezählt wird, streng genommen aber gar kein Porzellan ist, sondern mehr einer Glasschmelze gleichkommt.
Über die Merkmale der hier genannten Porzellangruppen unterrichten die folgenden Fragen.

Was ist Hartporzellan?
Unser in Deutschland erzeugtes Porzellan ist Hartporzellan. Sein wesentliches Merkmal ist sein hoher Kaolinanteil (50 %) und seine Feldspatglasur, die erst bei einer Temperatur von 1400 bis 1500°C ausschmilzt. Zu gleicher Zeit sintert (siehe da) auch der darunterliegende Porzellanscherben. Daraus ergibt sich die außerordentliche Oberflächenhärte der Glasur und die Festigkeit sowohl des Scherbens, wie der Glasur.
Scherben und Glasur des Hartporzellans können durch entsprechende Zusätze von Metalloxyden gefärbt werden, wir erhalten dann Elfenbeinporzellan, Kobaltporzellan (blau gefärbt), Seladonporzellan (grünlich getönt), Rosaporzellan und sogar schwarzes Porzellan. Die hohe Glattbrandtemperatur des Hartporzellans beschränkt seine Farbpalette für Unterglasurdekorationen erheblich, worauf noch mehrfach hingewiesen wird.

Was ist Knochenporzellan oder auch Bone China genannt?
Knochenporzellan hat seinen Namen von dem 50- bis 65 %igen Anteil von Knochenasche oder Phosphaten an der Masse, 15 bis 30 % sind Pegmatit, ein Mineral, das aus Quarz und Feldspat besteht, und Kaolin. Pegmatit wird in England als Cornish-stone bei Helston in Cornwall gewonnen. Der Anteil an Kaolin ist also wesentlich niedriger als bei Hartporzellan, daher rührt auch die niedrigere Garbrandtemperatur dieses Weichporzellans. Das andere Mischungsverhältnis ist aber nicht das einzige Unterscheidungsmerkmal.
Bone China wird gleich beim ersten Brand (Temperatur 1240 bis 1280°C) glatt gebrannt. Die meist blei- und borhaltige Glasur (Frittenglasur) wird dann bei 920° bis 1125° C aufgebrannt.
Es ist klar, dass allein schon durch die wesentlich niedrigere Brenntemperatur diese Weichporzellane nicht die gleiche mechanische Festigkeit und Widerstandsfähigkeit haben können wie das Hartporzellan. Sie erlauben aber wiederum aus den gleichen Gründen die Anwendung einer erheblich erweiterten Farbpalette für die Unterglasurdekoration.
Knochenporzellan wird vor allem in England hergestellt und dort unter der Handelsbezeichnung „Bone China“ auf den Markt gebracht. Neuerdings wird Bone China auch in der Bundesrepublik hergestellt (Villeroy & Boch, Mettlach und Heinrich-Porzellan, Selb).

Was ist Frittenporzellan?
Wie bereits gesagt, ist die Bezeichnung „Porzellan“ für dieses Erzeugnis falsch, da es sich seiner Zusammensetzung nach mehr um eine g l a s a r t i g e Masse handelt.
Frittenporzellan ist französischen Ursprungs (Sevres). Es besteht aus der Fritte (geschmolzenes Gemenge), die sich aus Quarz, Salpeter, Kochsalz, Tonerde, Soda und Gips zusammensetzt. Nach dem Feinmahlen dieser Schmelze wird sie mit Kreide und Kalk versetzt. Die Glasur ist ebenfalls eine Fritte aus Quarz, Pottasche und Soda. Sie wird wie bei dem englischen Knochenporzellan auf die fertig gebrannten Stücke bei verhältnismäßig niedrigen Temperaturen aufgeschmolzen.
Auch dieses „Porzellan“ hat geringere mechanische Festigkeit, dafür gestattet es die Verwendung vieler Farben in der Unterglasurdekoration. Künstliche Zähne und auch Bijouteriewaren werden vielfach in Frittenporzellan erzeugt.

Was ist Seladon-Porzellan?
Seladon nennt man Porzellan, das entweder in seinem Scherben oder in seiner Glasur von zart grüner Farbe (Jadeton) ist. Man erhält es durch Beimischung von Chromverbindungen zur Masse oder Glasur - nach dem Glattbrand erscheint das Porzellan dann in zart grünlichem, leicht verwaschen wirkendem Ton.
Die Bezeichnung „Seladon“ ist abgeleitet von dem Namen des Helden eines französischen Romans aus dem 17. Jahrhundert ("L'Astrée von H o n o r é e d ' U r f é), der immer ganz in Grün gekleidet ging und Celadon hieß. Die ersten Seladonporzellane wurden wahrscheinlich schon vor 1000 n. Chr. in China in der Zeit der Sung-Dynastie (960 - 1280 n. Chr.), hergestellt unter dem Namen Pi-si (geheime Farbe). Hier allerdings nicht durch Beimischung von Chromverbindungen sondern durch geringen Zusatz von Eisenoxyd mit reduzierendem Feuer erzielt.

Gibt es auch schwarzes Porzellan?
Ja, es wird unter der Handelsbezeichnung "Porcelaine noire" von Rosenthal seit einigen Jahren auf den Markt gebracht. "Porcelaine noire" ist gewissermaßen das z. Z. letzte Glied einer langen Entwicklungsreihe, die mit der sogenannten „Chimú-Keramik“ im 11. Jahrhundert in Peru begann.
Im 18. Jahrhundert wurde sie von J o s u a h W e d g w o o d wieder aufgenommen, der es unter der Bezeichnung „schwarzer Basalt“ im „etrurischen Stil“ anbot.
Bei all diesen Entwicklungen handelt es sich aber um Steinzeug bzw. steinzeugähnliche Produkte. „Porcelaine noire“ dagegen ist echtes schwarzes P o r z e l l a n , und zwar sowohl der Zusammensetzung (Versatz) der Masse, der Beschaffenheit des Scherbens und seiner Brennweise in Spezialöfen bei fast 1300°C nach. Das einzige Merkmal, das fehlt, ist die Transparenz. Die Ursache dafür aber sind einzig und allein die farbgebenden Oxydbeimischungen. Porcelaine noire sollte bei seiner Reinigung besonders pfleglich behandelt werden: Möglichst nicht im Spülautomaten, sondern ohne Waschmittel in heißem Wasser (bei hartem Wasser, also hohem Kalkgehalt evtl. etwas Essig zusetzen). Dann mit feuchtem Kunstleder abtrocknen.

Was ist Rosa-Porzellan?
Rosé-, oder Rosa-Porzellan genannt, entsteht durch Beimischung bestimmter Mangansalze, meist auch durch Zusatz von Goldverbindungen zur Masse, die ebenfalls bei den üblichen Glattbrandtemperaturen des Porzellans gebrannt wird.

Gibt es auch braunes Porzellan?
Ja, man verwendet es vielfach für die sogenannten Koch-, Brat- und Backgeschirre, wobei sowohl die Masse wie die Glasur, meist aber nur die Glasur, braun gefärbt sind. Die Färbung der Glasur erfolgt durch Beimischen von Metalloxyden (Eisenoxyd, Manganoxyd und Chromoxyd) oder in der Masse durch Verwendung entsprechend braun brennender Tone.

Warum sind die Elfenbein-Porzellane oder andere farbige Porzellane nicht immer gleich in ihrer Farbe?
Gerade die Farbunterschiede im Elfenbein-Porzellan verbürgen die Echtheit des Elfenbein-Porzellans. Sie beweisen, dass es sich um ein Produkt handelt, in welchem bei dem Scharfbrand des Hartporzellans (1400 - 1500°C) der Elfenbeinton eingebrannt ist, und daß es sich hier nicht um eine aufgetragene Farbe, die nachträglich aufgeschmolzen (800 - 900°C) wurde, handelt. Diese geringen Unterschiede in der Farbtönung verleihen dem Elfenbein-Porzellan auch einen besonderen Reiz, genauso, wie ja auch bei allen Handmalereien nicht ein Stück genau wie das andere sein kann.

Was ist Biskuitporzellan?
Biskuitporzellan nennt man Porzellan, das unglasiert gebrannt ist. Meist nimmt man hierbei eine Weichporzellanmasse. Das fertiggebrannte Stück ist wohl auch wasserundurchlässig, es hat aber eine rauhe Oberfläche, die für Gefäße weniger, dafür aber um so besser für Plastiken geeignet ist. Wir finden deshalb auch eine ganze Reihe von Plastiken in dieser Biskuitmasse gebrannt. Dieses Material hat große Ähnlichkeit mit Alabaster oder Marmor und ist besonders für solche Arbeiten (Plastiken) geeignet.

Was ist Kobalt-Porzellan?
Kobalt-Porzellan nennt man Porzellan, bei welchem Kobaltoxyd, mit einer Glasfritte (Glasur) vermischt, auf das glattgebrannte weiße Porzellan aufgetragen wird. Das Stück wird dann ein zweites Mal bei 1400 bis 1500°C gebrannt. Man spricht deshalb auch manchmal von Sinterdekoren, weil sie bei der Sintertemperatur (Garbrandtemperatur) des Porzellans eingebrannt werden. Kobalt, das meist dort gefunden wird, wo auch Uran vorkommt, gehört zu den seltenen Metallen. Diese Tatsache neben dem zweifachen Brand und dem dadurch vervielfachten Ausfall sind die Ursachen des höheren Preises. Die Kobaltdekoration gehört zu den ältesten keramischen Verzierungsarten. Schon die ersten chinesischen Porzellane zeigen diese Technik. Echte Kobaltdekoration erkennt man übrigens daran, dass der Obergang von dekorierter zu undekorierter Fläche nicht ganz präzise abgegrenzt ist, sondern unscharf, sozusagen etwas verschwommen ist, eine Sache, die von manchen Leuten als „Fehler“ beanstandet wird, in Wirklichkeit aber das Zeichen der Echtheit ist. Vielfach bei Zwiebelmuster zu sehen.

„Queensberry-Marble“*) - Marmorporzellan
Wieso? Wie wird es gemacht?
Neben dem weißen Porzellan gibt es schon seit jeher in der Masse oder Glasur uni gefärbte Porzellane, wie: Elfenbein - Seladon - Kobalt - Rosé - Porzellane.
Neu sind Porzellane und andere Keramiken, die in der Masse, also im Scherben unterschiedlich gefärbt sind, so z.B. im Marmor-Effekt. Dem bekannten Designer und Prof. der Keramik am Royal College of Art in London ist es in Zusammenarbeit mit Rosenthal-Technikern gelungen das durch eine neu entwickelte *Gießmischtechnik* Wirklichkeit werden zu lassen. Verschieden gefärbte Gießmassen gleicher Konsistenz werden gleichzeitig in aufeinander abgestimmten Geschwindigkeiten in sich drehende Gießformen eingegossen, wobei dieser Gießvorgang möglichst kurz gehalten werden muß. So allein wird eine komplette Vermischung zu einer Farbe verhindert, d.h. nur so kann der gewünschte Marmoreffekt erzielt werden.

Was ist der Unterschied zwischen Porzellan und Steingut?
Porzellan und Steingut gehören beide zur großen Familie der Keramik und erscheinen auch bei flüchtiger Betrachtung fast gleich, und doch unterscheiden sie sich wesentlich voneinander. Zusammensetzung und Herstellung sind vollkommen verschieden und ergeben auch ein vollkommen voneinander verschiedenes Erzeugnis. Porzellan wird bei 1400 bis 1500°C glattgebrannt. Steingut bei 900 bis 1200°C, nachdem letzteres bereits einen Verglühbrand des Scherbens von 1100 bis 1300°C hinter sich hat. Bei Steingut wird also die weiche Glasur auf den Scherben aufgebrannt, der aber immer noch - trotz des ersten hohen Brandes - porös ist und auch nach dem zweiten Brand porös bleibt. Der Porzellanscherben dagegen ist vollkommen dicht und bildet mit seiner Glasur ein untrennbares Ganzes. Bei Steingut dagegen kommt es vor, dass die Glasur durch einen harten Stoß abgesplittert wird. Der dann zutage tretende Scherben saugt infolge seiner Porosität das Wasser an. Das beste Unterscheidungsmittel für den Laien ist die Probe auf die Transparenz (Durchschein) bei Halten gegen das Licht: Bei Porzellan scheint das Licht durch – bei Steingut nicht!

* Marble (englisch) = Marmor

Nachschlagewerk
für

Sammler, Händler und Museen.

Auf den nächsten 80 Seiten (schwarz/weiß) finden
Sie Figuren, Gruppen, Büsten, Pagoden usw.,
mit den dazugehörigen Formnummern

(Ohne Anspruch auf Vollständigkeit)

von

1710 – 1910

2cm Höhe im Buch = 10cm Höhe der Figur

H 41
N 161
L 154
L 152
L 150
L 153
L 151
N 160
H 47
F 30
D 79
J 9
J 8
J 11
J 10
F 29
H 42
H 43
H 45
H 46
H 48
H 49
H 51
H 52
H 54
H 53

C 28
C 28
F 32
F 33
F 64
F 64
A 56
A 58
F 34
F 34
E 95
E 94
B 94
B 94
B 74
B 74
21
21
E 1
E 2
E 3
E 4
E 5
1230
4291
2361
34
N 102
N 101
B 24
J 81
E 71
J 80
G 13
X 3
Y 6
1656
1657
F 80
F 80
F 73
F 73
D 66
D 65
F 69
F 69
C 79
C 90
2986
2990

1 1 2 2 3 3 4 4 5 5 6 6 7 7 8 8 9 9 10 10
11 11 12 12 13 13 14 14 15 15 16 16 17 17 18 18 19 19 20 20
2025 2025 2055 2032 C 41 21 21 22 22 23 23 2814 1714 1715 1716 1717
1686 1695 F 18 F 18 F 19 F 19 F 20 F 20 F 21 F 21 F 22 F 22 F 23 F 23 F 24 F 24 1696 1694
1 2 3 4 5 6 7 8 9 10 11 12 13 14 15 16

G 1
G 2
G 3
G 4
G 5
G 6
G 7
G 8
G 9
G10
G 11
G 12
1774
C 95
C 96
2550
2559
2558
2565
2566
2562
2567
2568
2570
2571
2981
C 94
2177
1776
2863
K 116
H 167
B 86
H 166
K 117
2858
2872
M 129
C 80
N 120
C 81
M 129
2875
896
916
336
3024
B 162
3024
328
1007
1006

G 115
G 114
674
688
669
691
G 107
G 106
Z 97
Z 75
N 104
M 184
M 192
N 118
A 32
A 37
F 65
F 63
J 60
J 65
J 49
B 60
B 60

530
1352
1351
G 105
G 104
823
764
144
J 66
279
D 94
30
D 95
447
186
E 83
F 53
1035
1042
1051
1062
1136
G 30
G 29

2229
520
C 35
C 35
485
1998
2683
C 97
C 98
1665
1660
W 56
1212
1213
C 99
C 100
2679
36
38
A 64
A 67
C 84
C 88
L 189
C 82
C 83
A 69
A 71
2541
2548
1321
1322
1323
1324
6
6
3
3
1306
1305

M 135
720
832
507
830
B 21
M 136
M 104
M 103
1615
1635
1662
1663
G 91
G 92
G 93
G 94
1681
1685
1688
1690
M 102
M 101
L 164
Y 34
812
D 64
2215
571
2464
B 33
2163
2243
2163
D 30
D 31
D 32
D 33
D 34
D 35
D 36
D 37
D 38
D 39
D 40
D 41
D 42
D 43

M 149
M 153
M 160
M 152
M 148
L 101
L 102
L 103
L 104
L 105
L 106
L 107
L 108
L 109
L 110
L 111
L 112
L 113
L 114
L 115
L 116
L 117
L 118
L 119
L 120
L 121
L 122
L 123
L 124
L 125
L 126

M 185
M 186
L 162
L 163
K 162
M 183
K 163
M 134
M 133
L 139
L 138
F 53
G 72
G 54
G 82
M 143
M 144
M 145
G 74
G 57
A 178 b
F 52
G 129
L 149
N 109
C 53 c
M 105
M 106
559
N 108
N 148
G 148
13
4
5
11
6
9
12

F 50
F 50
F 51
F 51
C 72
C 73
F 68
179
F 68
F 84
F 84
F 49
F 49
F 67
F 67
1390
1389
2730
2724
2685
E 58
2654
2732
2731
1391
1371
F 1
F 3
F 2
F 4
F 5
F 6
F 7
F 8
F 9
F 10
F 11
F 12
F 13
F 14
F 15
F 16
807
1
1
5
5
4
4
1295
1296
836

L 171
M 156
L 134
L 135
M 157
L 172
M 189
M 150
M 166
M 151
M 190

Dietrich von Bern
Siegfried
N 152
M 181
M 188
N 193
M 187
M 182
N 151
M 161
G 71 c
C 16
G 31
N 137

8
J 13
C 91
G 86
7
Raphael Sanzio.
K 174
M 199
M 197
N 163
N 143
M 165
Mich. Ang. Buonaroti.
K 173

1
127
2
G 112
G 113
N 146
K 125
M 193
M 180
M 176

1584
B 28
G 20
831
F 88
D 13
G 22
2942
E 66
M 171
886
2666
H 87
H 88
H 89
H 90
B 87
B 88
433
B 75
D 63
990
1448
1787
1919
E 26
B 22
B 83
18
J 62
E 69
20
H 98
E 13
17

1952
J 3
E 70
J 2
235
D 11
D 29
N 141
382
N 147
D 24
E 65
155
2897
2697
2030
2724
1291
171

2941
2870
1132
36
1133
C 17
2974
D 83
D 80
D 97
D 82
D 81
625
E 19
E 18
1290
E 16
E 23
611

612
1447
G 35
G 34
G 32
1436
662
A 41
C 15
D 19
B 17
A 29
N 171
C 41 a
D 48
C 65
B 99
B 11
B 100
F 94
2952

C 60
2999
D 2
D 1
D 3
D 4
E 28
C 64
2462
2460
C 44
C 46
A 65
C 47
A 84
A 84
2260
E 77
1401
1439
1002
1484
K 57
E 76
2103
2943
2944
A 48
A 5
A 5
A 5
2945
2946
1770

2987
2502
2490
A 66
2499
2495
2980
2202
33
L 9
32
B 19
D 90
D 84
F91
F 92
1068
F 93
25
35
169

3
J 50
14
28
H 18
22

38
J 70
J 82
37
H 95
L 14
K 44

15
107
16
2381
2380
C 49
2378
2377

Süd
C 14
F 55
C 18
C 59
D 93
2728
D 96
F 74

H 195
J 186
J 187
H 191
N 113
M 196
N 114

2744
K 177
K 176
K 186
K 185
K 178
K 175
2744
L 179
L 178
2883
156
2884
N 190
N 191
D 28
D 26
1221
2764
153
154
2764
2187
D 45
D 44

C. 32.
D. 10.
D. 10.
C. 32.
F. 140.
611.
611.

995
H 177
915
986
H 176
957
128
128
1160
2869
1153
1129
1130
2617
2618
B 76
3024
B 76
2618
2617

K 49
N 169
N 170
N 168
K 50
H 125
1197
1255
1190
2547
H 126

G 119
B 65
B 195
2868
F 117
2775 a / S. A 49
2728
C 179
2685
2276 a / S. A 59

M 173
M 175
M 172
M 116
M 114
M 174
M 115
M 113

B 67
M 141
A 66
A 151
2745
O 104
2745
A 150

B C
G 160
B C

137
Fac. 5 No. 1
2707
1916
2707
Fac. 5 No. 1
138
B 178
S 18^{2}
2780
D 197
20
D 197
2780
2686
2
A 11
W 52 a
Z 64
C 162
P 81
Y 44
O 87
281
O 87
Y 44
P 81
C 162
Z 64
W 52 b
998

E 158
E 155
D 153
A 148
E 157
2790
B 186
X 74
E 116
E 153
F 111
E 162
D 161

H 108
C 102
F 133
F 183
G 125
K 107
H 127
G 59
H 20
H 148
F 191
L 191
F 26
F 28

327

320

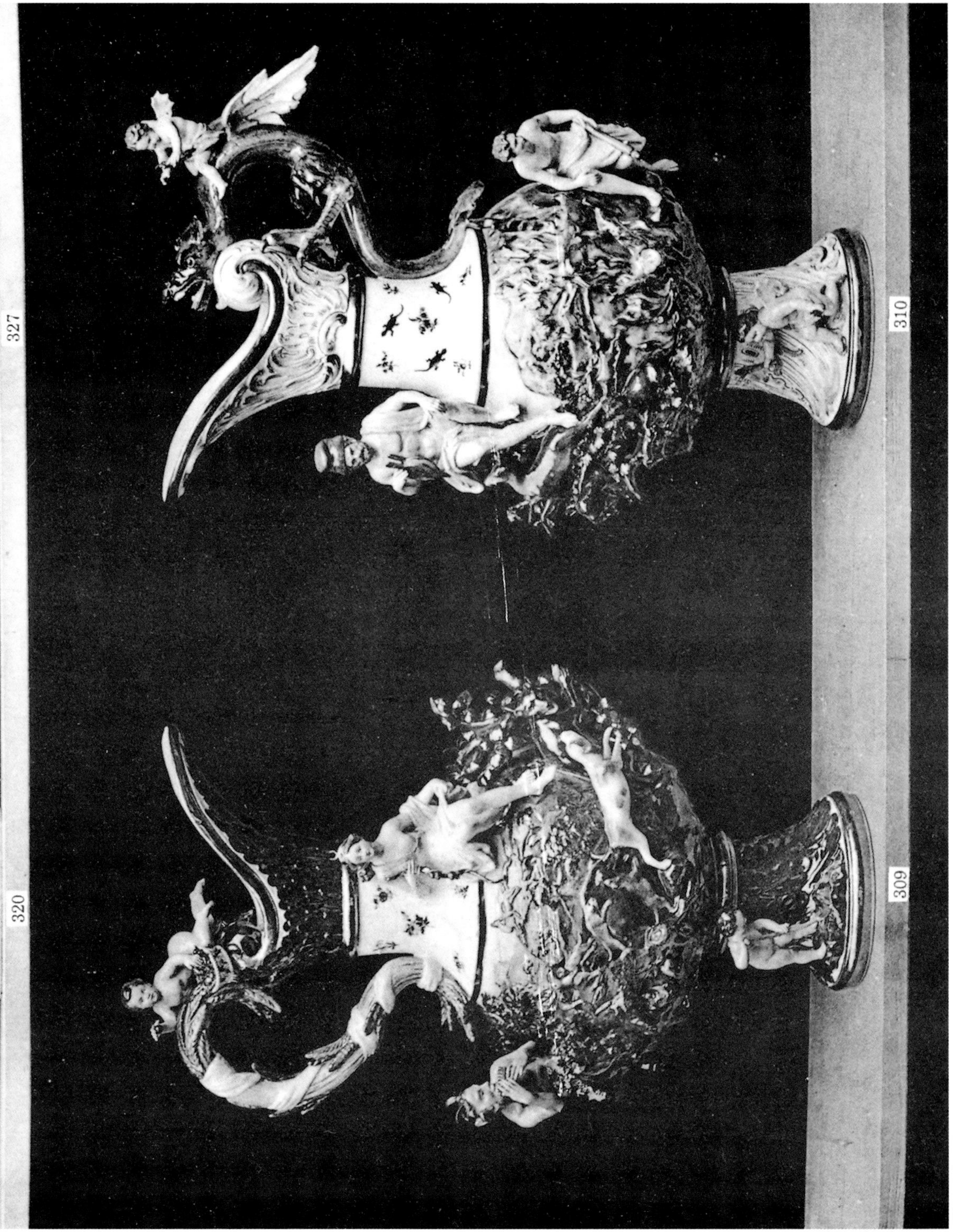

310

309

2
3
4
5
6
7
8
9
10
19
1
11
12
12
13
14
15
16
17
18
20
1649
761
4
E 174
B 136
E 174
772
133
1649
744
B 5
C 162
N 135 b
U 73
117
P 81
17
K 47
F 66
S 30
Y 89
1645
2
F 66
F 66
Y 38 a
F 66
F 66
1645
F 128

2901
2902
2903
2904
2905
C 62
C 61
C 39
C 40
C 43
H 5
H 6
H 7
H 8
H 9
H 3
H 4
H 10
H 11
H 12
H 13
H 14
1163
454
538
541
544
576
1721
1736
1355
1600
1596
1118
592
1690
1710
1711
1720
1
2
3
4
5
6
7
8
9
10
11
12
13
14
15
16
17
18
19
20
21
22
23
24
25
26
27
28
29

E 15
E 17
1009
E 20
19
E 22
E 21
656
610
R 78
E 14
R 79
A 46
778
479
1236
1239
10
1230
1222
J 184
J 185
H 36
H 37
H 38
H 39
2996
2991
2453
H 81
H 82
C 33
C 34
C 36
A 12

L 140
K 190
L 140
29
F 57
31

F 41
E 141
F 46
60
71
E 152
63
F 56
62
G 155
B 98½
61
2419
A 35
C 6
A 57
2

Korb 605 auf Säule 605 — Korb 2772 auf Säule 2772 — Korb 2772 auf Säule 2772 — Korb 605 auf Säule 605

D 78 — E 128 — 2172 mit Figuren „Die Elemente“ — E 129 — D 78

F 156
E 128
2172 mit Figuren „Die Jahreszeiten“
E 129
F 155
F 132
260
399 †
260
F 131

Korb 2772 auf Säule 544
J 197
J 195
J 197
Korb 605 auf Säule 544
61
G 194 mit bekleideten Figuren
677³
G 194 mit bekleideten Figuren
61

Korb D 196 auf Säule D 196
C 84
161
C 84
Korb D 196 auf Säule D 196
383
H 196 b
N 200
H 196 a
383

3000
1047 mit Jupiter obenauf
3000

1047 mit Gruppe obenauf
88
1047 mit Bouquet obenauf

573
G 194 mit unbekleideten Figuren
452
G 194 mit unbekleideten Figuren
572
J 161
J 158
J 161
2618
578
2618

385
200
L 169
200
2717
V 75 b
M 68
818
F 36

1519
J 197
J 195
J 197
1523
783
784
555
785
786

F 26
H 105
H 20
K 111
N 134 b
K 111
H 20
J 103
X 59
1
E 87
A 75
2732 †
A 175
2724 †
21
E 85
K 112
5
166
J 183 b
O 102
J 182 b
166
5

3000
X 8
3000
A 88
B 16
2898
Y 52
J 41

1778
A 43
57 a
260 a
57
A 43 a
1778 x
1128
1127
62 b
62 a
F 104 b
F 104

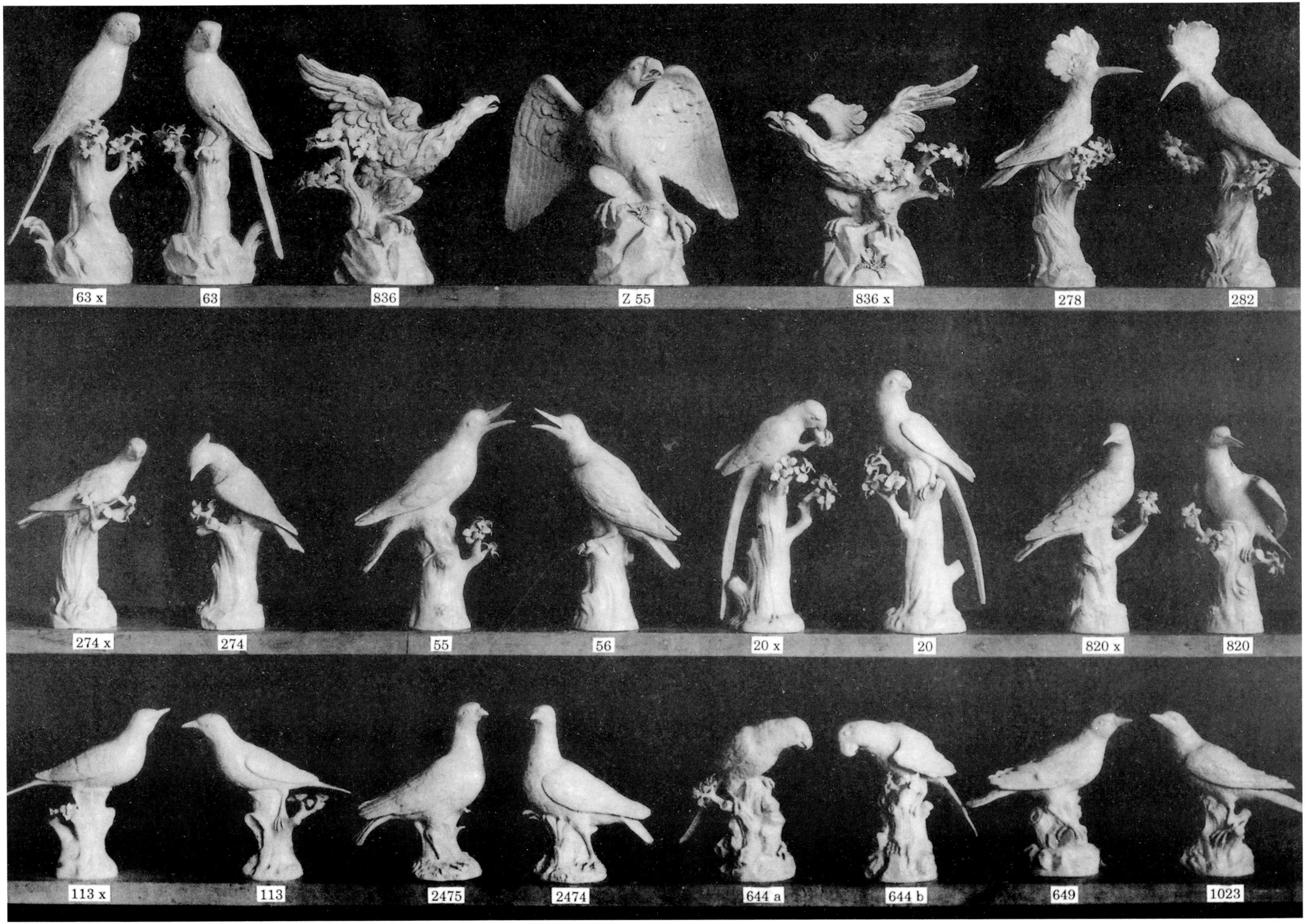
63 x
63
836
Z 55
836 x
278
282
274 x
274
55
56
20 x
20
820 x
820
113 x
113
2475
2474
644 a
644 b
649
1023

2083
2084
827
Z 49
2014
58 x
58
2408
2407
2069
2068
2073
2072
O 15
735
1669
227
973
974
V 65
904
904
1123
1122
2997
1620
1465
177
177 x
2213
2214
H 91
H 91
A 54
A 54 x
110
110

P 138
P 139
O 161
O 199
O 153
P 144
P 135
P 154
P 153
P 119
P 121
P 120
O 151
O 174
2940
2933
O 162
O 181
O 158
P 152
2489
C 68
C 69
O 159
2127
O 175
O 173
O 164
O 192
O 191
O 193
O 194
O 195
P 131
2488
O 141
P 122
P 141
2973
2287
2219
P 113
P 114
P 148
2728
P 149
O 167
O 166
O 186
O 187

P 143
O 190
O 144
O 179
O 123
L 155
P 108
P 106
O 183
P 136
P 107
P 105
L 156

O 168
P 165
P 104
P 166
O 122
P 132
O 125
N 200
O 125
O 180

H 147
O 184
O 182 mit Postament
O 184
H 147
E 54
R 63
1015
N 129
921
E 7
E 55

O 163
K 111
F 127
383
K 47
O 160
K 47
383
F 138 a
L 59
H 113
K 112
E 144
G 59
H 20
N 176 †
H 20
P 112
F 163
B 178

Z. 92×
Y. 196.
Y. 196.

2757
N 196
M 195
N 195
O 116
O 197
1235
P 103
P 133
P 134 mit Postament

G 103

G 103

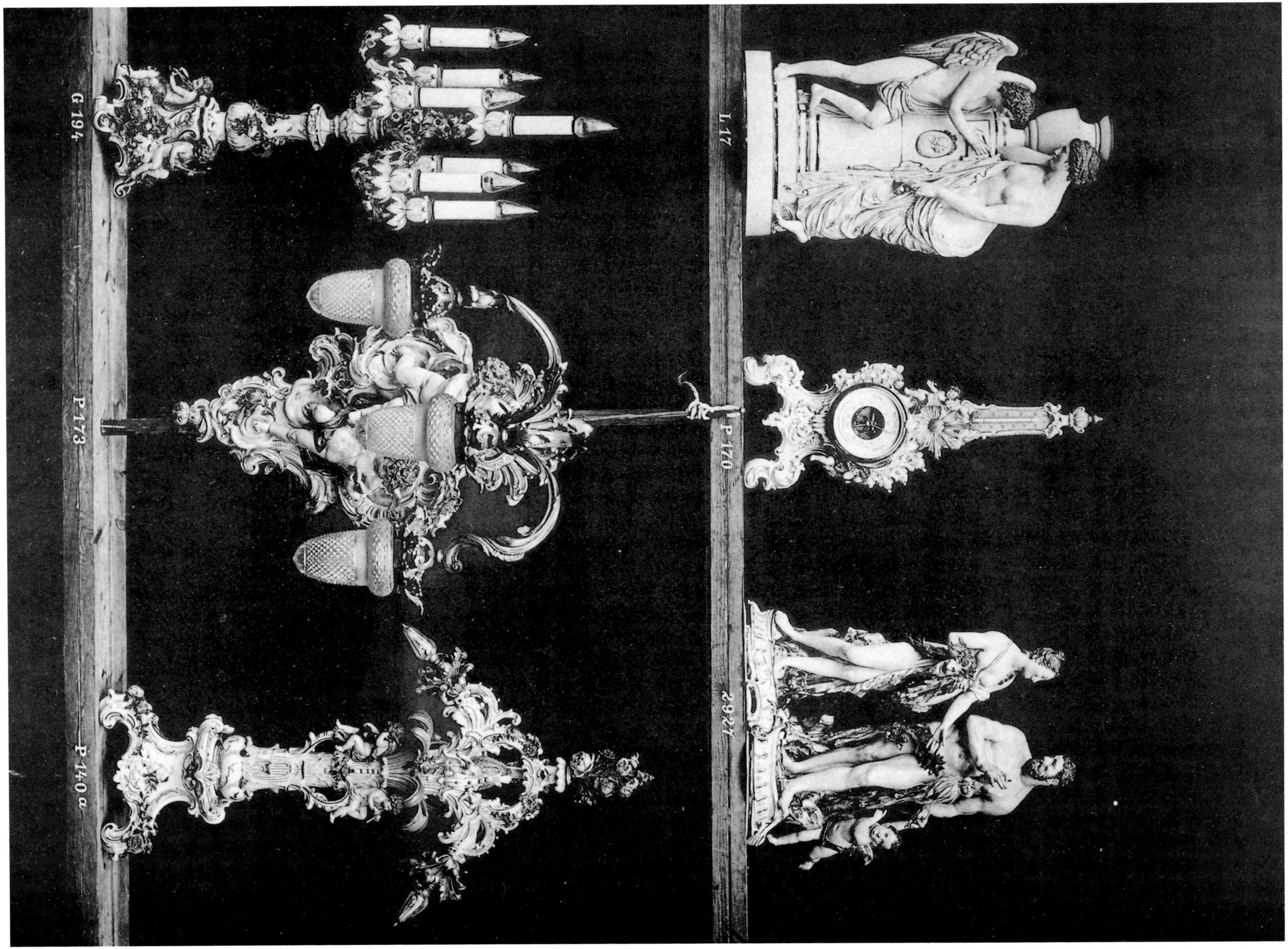
G 194
P 173
P 140a
L 17
P 170
2927

P 102
O 161
A 96

G 101

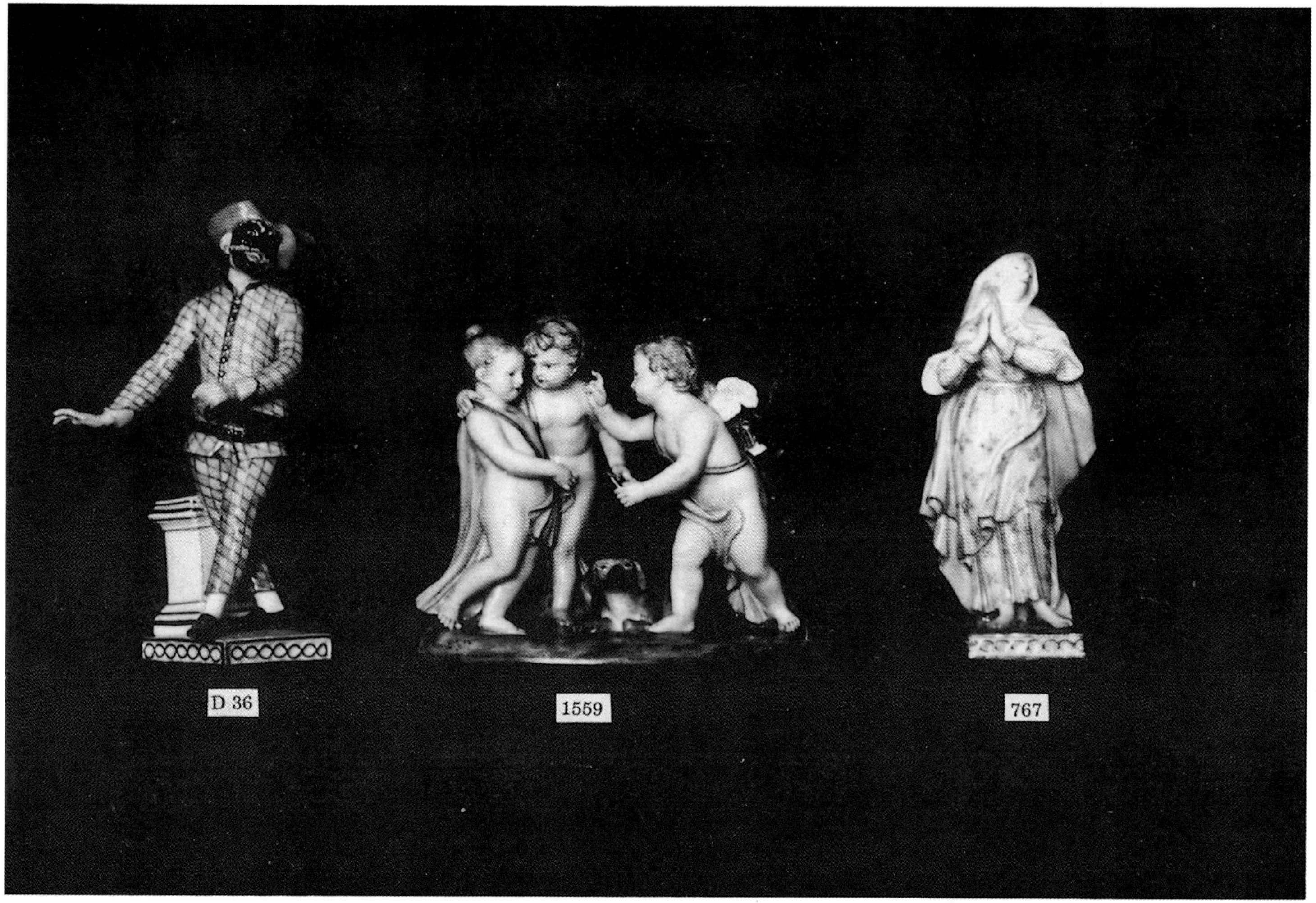
D 36
1559
767

N 194

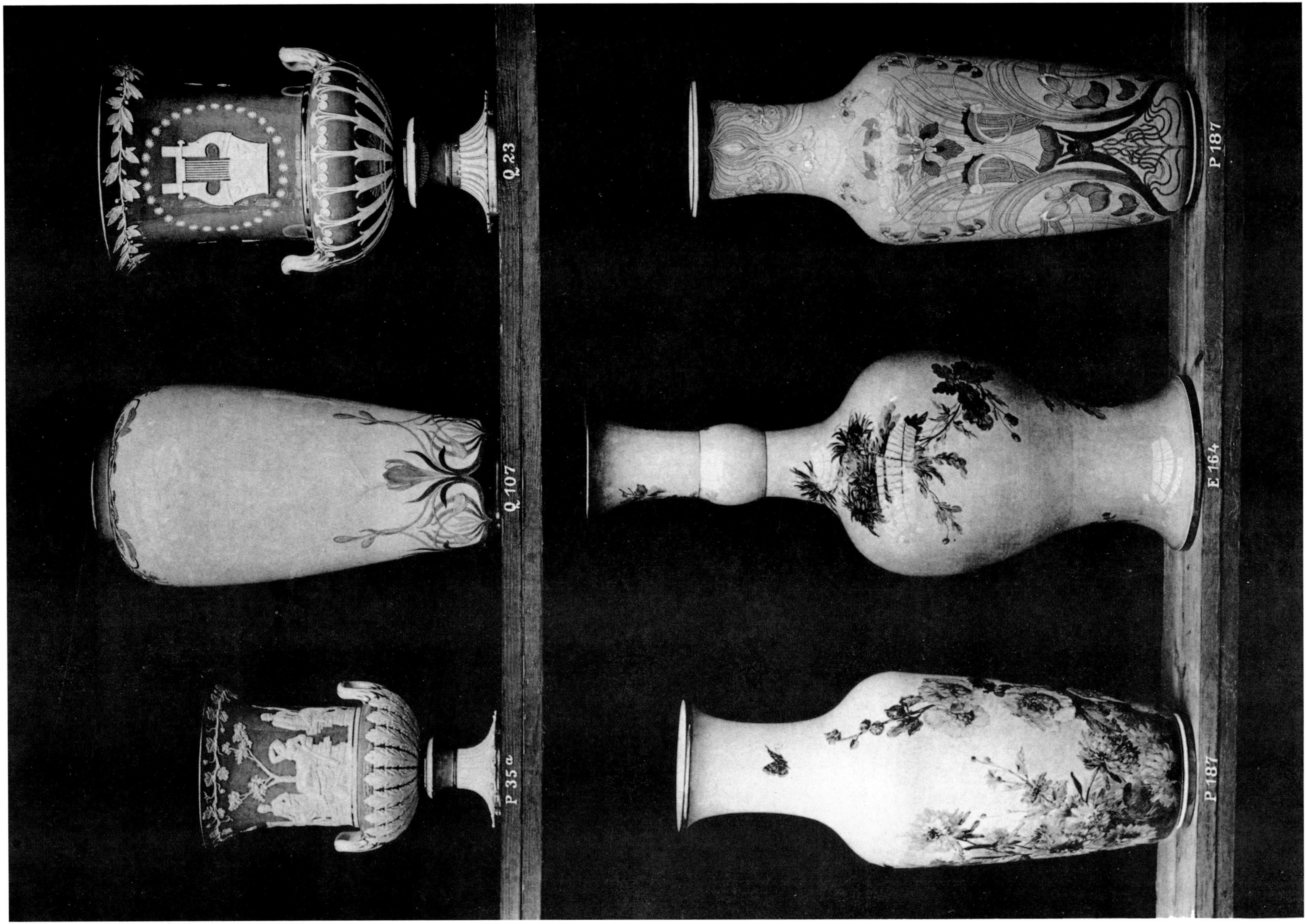
Q 23
Q 107
P 35 a
P 187
E 164
P 187

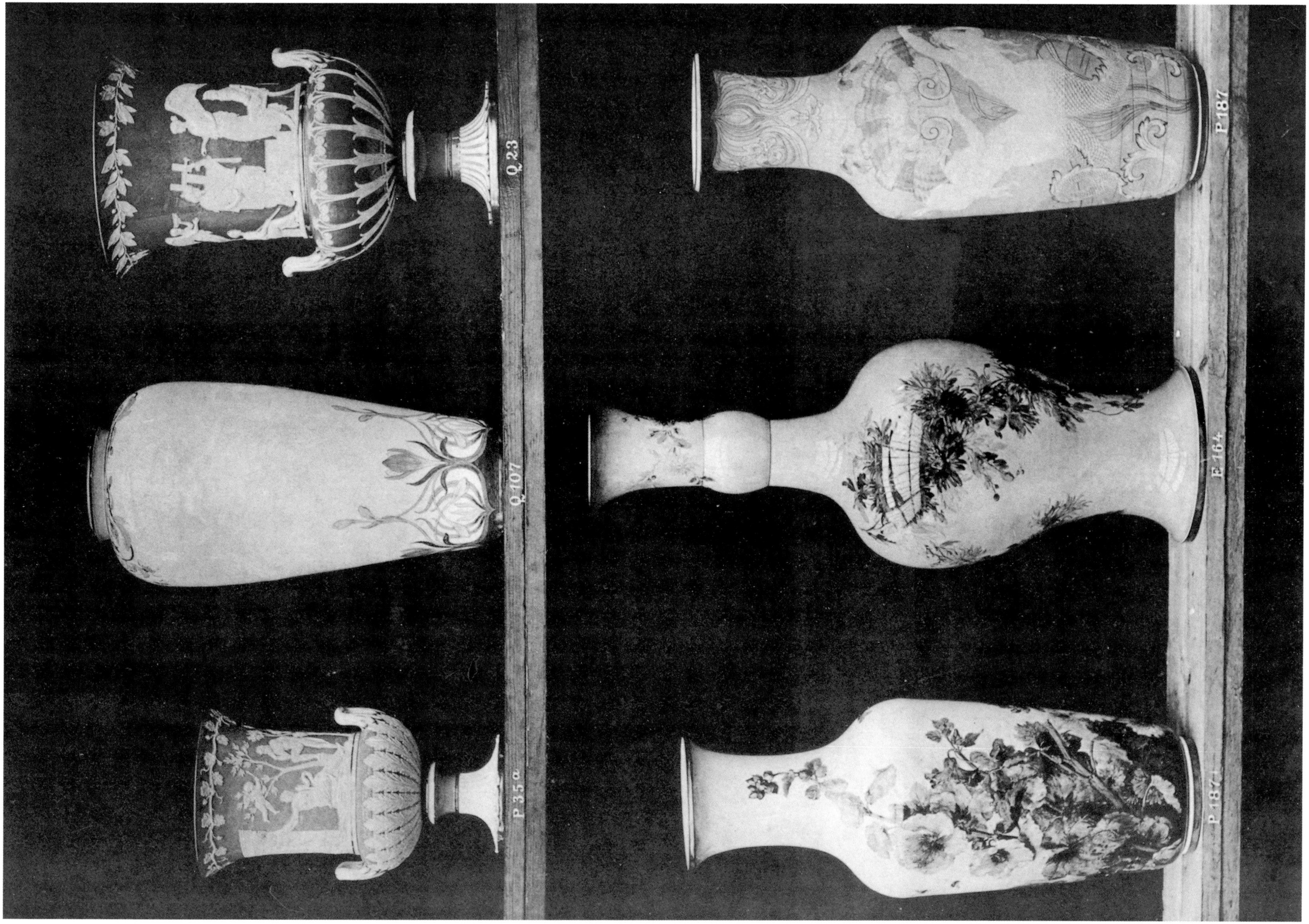
Q 23
Q 107
P 35a
P 187
E 164

P 157
P 158

383
P 156
P 168

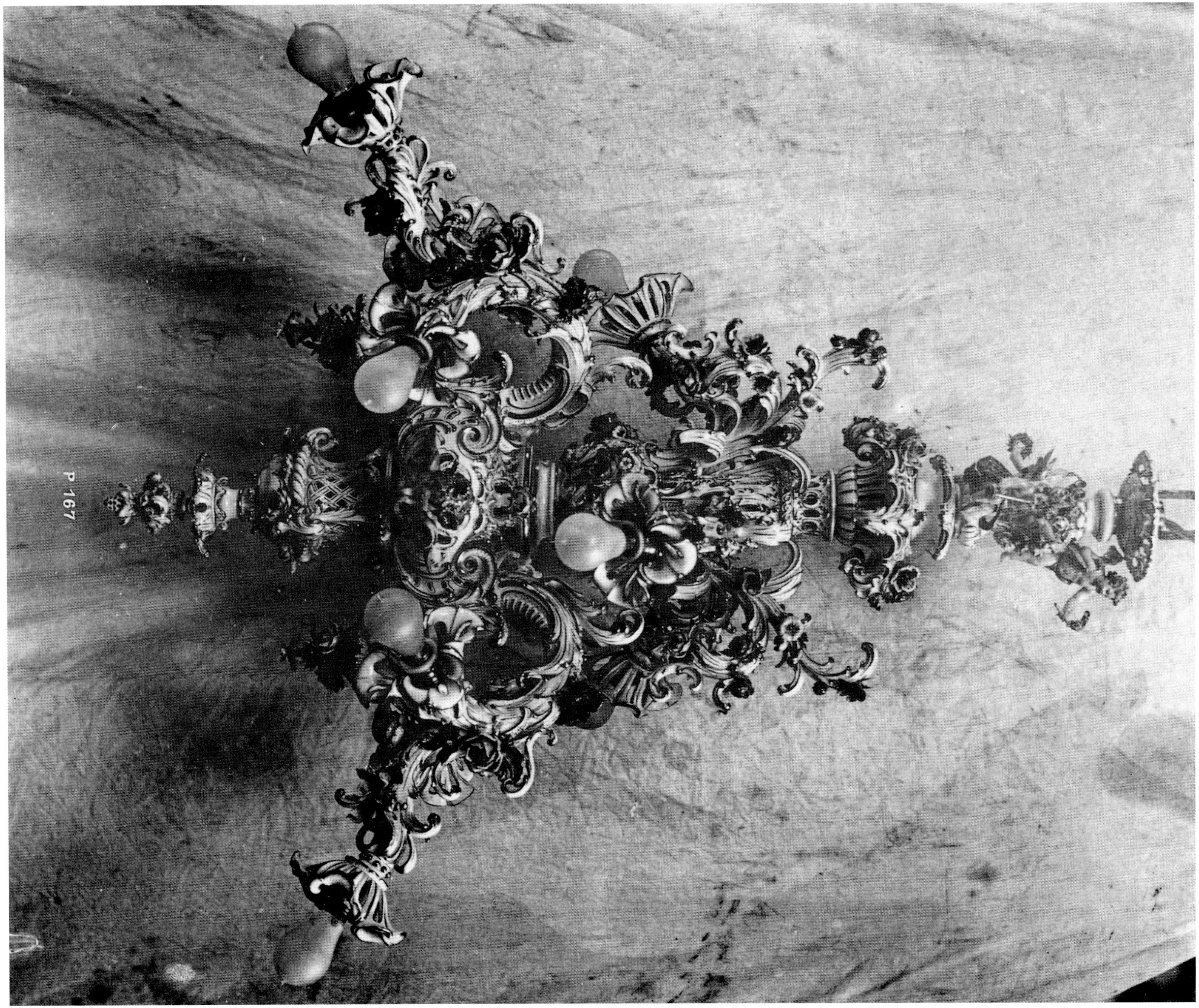
P 167

Q 162
Q 161
Q 155
Q 112
Q 154
Q 158
Q 157
Q 159
Q 160
Q 150
Q 168
Q 156
Q 141
Q 172
Q 173
P 198
Q 190 a
Q 190 b
Q 176
Q 169
Q 174
Q 166
Q 167

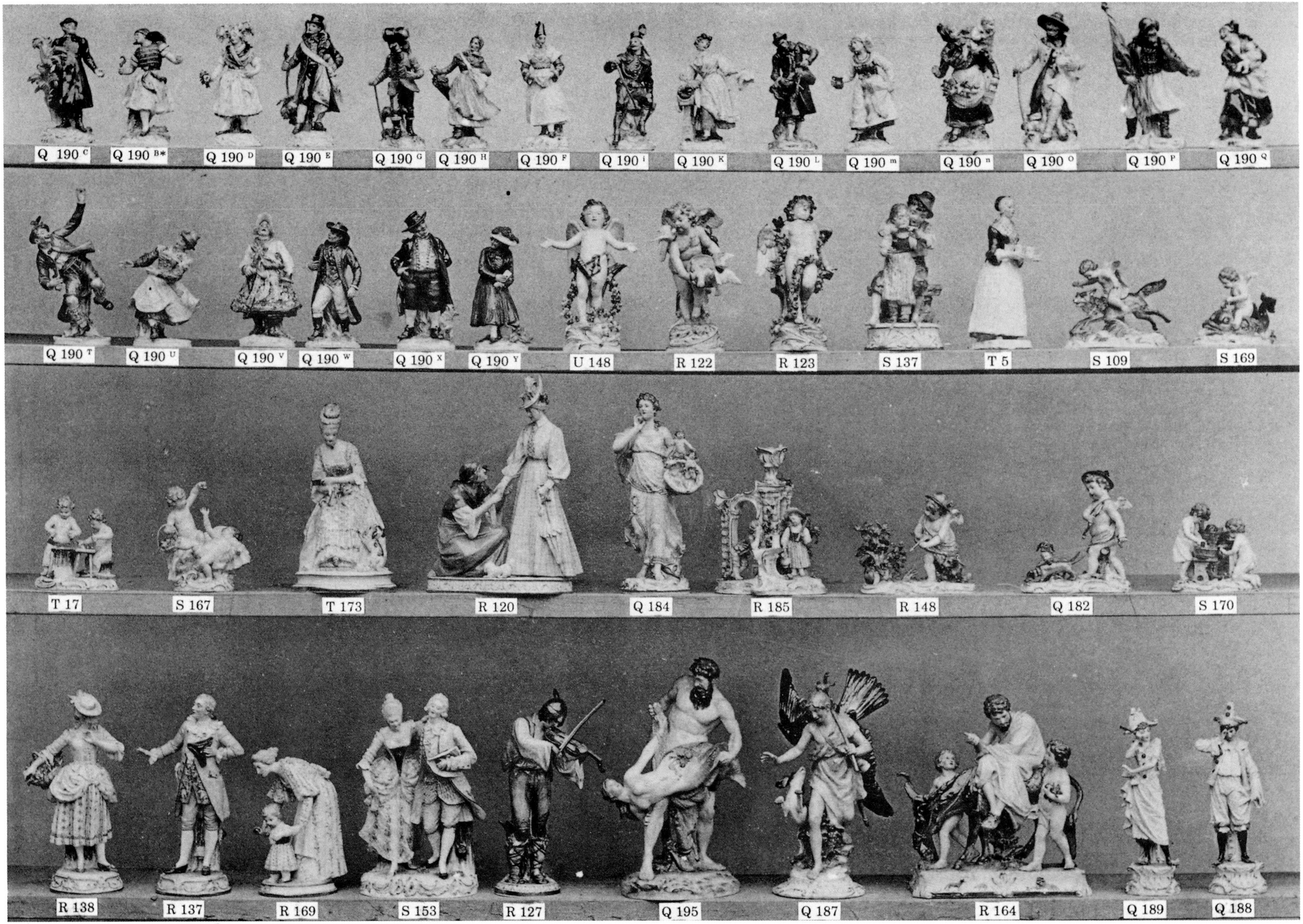
Q 190 C
Q 190 B*
Q 190 D
Q 190 E
Q 190 G
Q 190 H
Q 190 F
Q 190 i
Q 190 K
Q 190 L
Q 190 m
Q 190 n
Q 190 O
Q 190 P
Q 190 Q
Q 190 T
Q 190 U
Q 190 V
Q 190 W
Q 190 X
Q 190 Y
U 148
R 122
R 123
S 137
T 5
S 109
S 169
T 17
S 167
T 173
R 120
Q 184
R 185
R 148
Q 182
S 170
R 138
R 137
R 169
S 153
R 127
Q 195
Q 187
R 164
Q 189
Q 188

S 171
R 147
R 168
R 165
T 186
T 6
S 161
L 126*
R 197
T 175
S 165
S 111
S 107
T 68
S 168
R 124
T 2
S 112 m
T 102
Q 191
Q 197
S 112 w

Neu im Museum HAUS DER KUNST

Meissen
Unikate · Raritäten
und
Atelierserien

1960

Festliche 250-Jahr-Feier am 6. Juni auf der Albrechtsburg in Anwesenheit von Ministerpräsident Otto Grotewohl. Ehrung für 250jährige Teilnahme an der Leipziger Messe. In der Schauhalle kann erstmals nach dem zweiten Weltkrieg wieder die Porzellansammlung gezeigt werden.

Ludwig Zepner, Peter Strang und Heinz Werner bilden das Kollektiv künstlerischer Entwicklung, das 1970 auch Rudi Stolle und Volkmar Bretschneider als neue Mitglieder aufnimmt.

Auf den folgenden Seiten sehen Sie Unikate und Raritäten der oben genannten und bis 2005 dazugekommenen Künstler, die ab heute im Museum HAUS DER KUNST zu sehen sind. Sie sind im Buch Meissner Konturen von 1990 teilweise abgebildet und beschrieben.

Objekt „Kube“ weiß-silber
von Peter Strang.
Unikat 37/90
G. 12,5 cm x 13 cm

Bild
„Die Sonne rollt über den Horizont“
von Rudi Stolle
Unikat 9/77
G. 35 cm x 34 cm

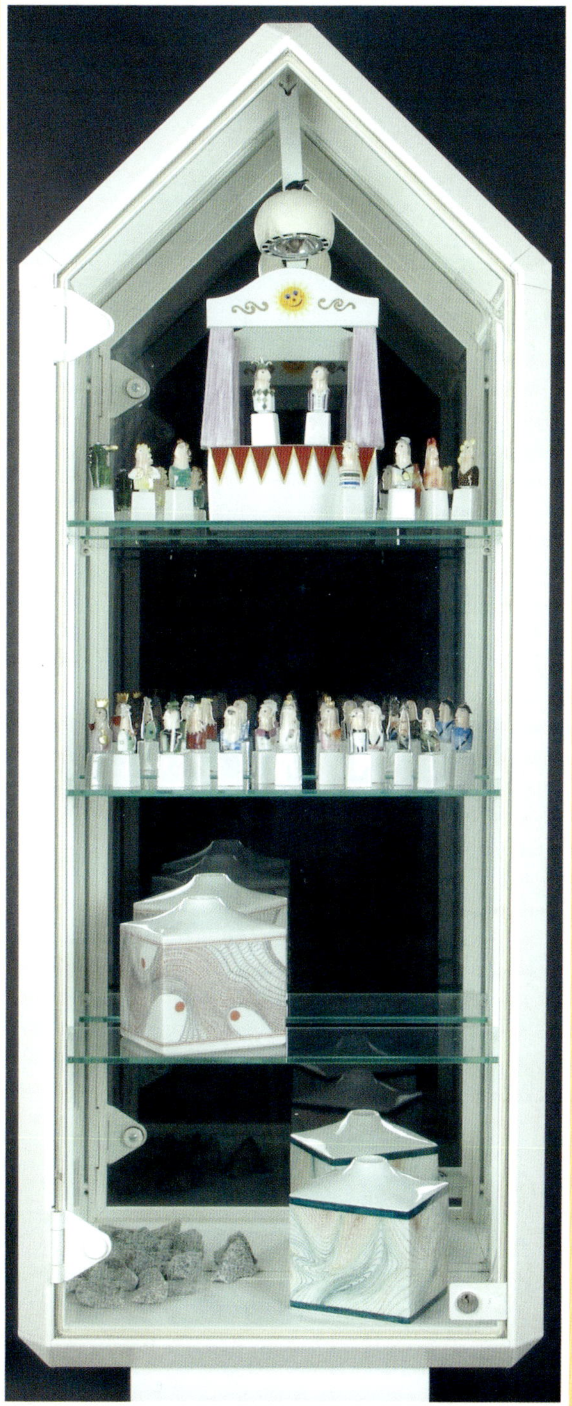

Kasperle Theater
mit Bühne und 22 Figuren
von Olaf Fieber

Viereckige Vase
„Lineare Landschaft“.
Umlaufender Dekor
von Rudi Stolle
Unikat 22/87
G. 12 cm x 10 cm H. 13 cm
Abb. im Buch Rudi Stolle 1941-1991

Viereckige Vase
„Stroßwelle“.
Umlaufender Dekor
von Rudi Stolle
Unikat 23/87
G. 12 cm x 10 cm H. 13 cm
Abb. im Buch Rudi Stolle 1941-1991

Wandbild
„Stiefmütterchen I“ von Ludwig Zepner
Unikat 97/95. G. 44,5 cm x 44,5 cm

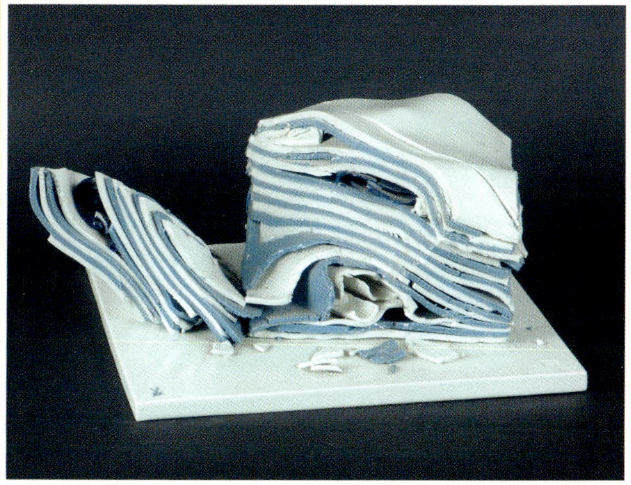

Objekt
„Blaukraut“ von Andreas Ehret
Unikat 143/91. G. 24 cm x 24 cm

Verschiedene „Kugelspiele“, bunt staffiert von Olaf Fieber, Vokmar Bretschneider und Christoph Ciesielski

Verschiedene „Döschen“, bunt staffiert von Sabine Wachs. Unikat 5/94 6/94 65/92 67/92

Verschiedene „Sammeleier“, bunt staffiert von Jörg Danielezyk

Verschiedene „Golfspieler“ und „Golfspielerinen“, bunt staffiert

Objekt „Pfeiler auf Stufenpodest“
Platin von Peter Strang. Unikat 32/89
H. 50,3 cm. Abb. im Buch Meissner Konturen

Vase „Schneeschmelze“ Emailfarben. Vase von Ludwig Zepner. Dekor von Volkmar Bretschneider. Unikat 112/89. H. 62 cm. Abb. im Buch Meissner Konturen

Teile des Objektes „Meeresboden“, Volkmar Bretschneider. Nach Vorgaben frei gedreht von Gerhard Wronkowski, Emailfarben, partiell auch Lösungsfarbe, 1989, Unikate noch ohne Nummer, Schwertermarke, Ø 34,3 cm, (Schale mit Einschnitt)

Wandbilder
„Spieler“, bunt staffiert
auf Marmorplatte
„Falschspieler“
„Kartenspieler“
„JoJo Spieler“
von Olaf Fieber.
G. 50 cm x 32,5 cm

Wandbild
„Die Begegnung“
Weißporzellan, glasiert und
unglasiert, gold
von Jörg Danielczyk
Unikat 105/91
G. 30 cm x 38 cm

„Liegendes Liebespaar“
Weißporzellan, glasiert
von Peter Makolies 1991
H. 8 cm L. 21 cm

„Verschiedene Kreaturen“
Weißporzellan, glasiert
von Peter Makolies 1991
H. 7,5 cm bis 14 cm

„Geflochtener Korb“
Weißporzellan, strukturiert,
glasiert,von A. Lücke Nr. 3
Ø 20 cm

3 Würfel auf einem Brett.
Unglasiert, gold
von Peter Strang.
Unikat 4/94

Kastenvasen
„Winterstimmung I“,
„Winterstimmung II“
von Prof. Heinz Werner
Unikate 160 + 161 /97
H. 16 cm
Abb. im Buch
Meissner Konturen

Tag und Nacht von Peter Strang mit farbiger Gestaltung,
Emailfarben, unter dem Motto „Tag und Nacht“ von Volkmar Bretschneider
Unikat 113/89. H. 49,7 cm. Abb. im Buch Meissner Konturen

Wandbild „Meterware“.
Strukturierte Wandplatte, bunt staffiert
von Olaf Fieber. Unikat 232/91
G. 77 cm x 51 cm

Unikate aus Meissen Porzellan sind Museal

Vase „Exotische Variationen“ frei gedreht von Gerd Wronkowski. Lösungs-und Emailfarben von Andreas Herten.
Unikat 226/91.
H. 47,2 cm

Willkomm-Schlüssel
aus Anlass der
Jahrhundertwende 1999/2000
Edition 2000

Diese liebenswerte Gesellschaft
Porzellankönig,
Porzellankönigin, Porzellannarr
und Porzellannärrin wurde
entworfen von Olaf Fieber
Sammleredition H. 13 cm

Büste „Renate“
von Peter Strang
Unikat 82/94

Wandbild
„Kalligraphisches Stilleben“ von Gudrun Gaube. Unikat 8/94
G. 22 cm x 20 cm

Wandplatte „Teufelei 1“, Unterglasur- und Lösungsfarben von
Prof. Heinz Werner. Unikat 35/89. Ø 56 cm.
Abb. im Buch Meissner Konturen.

Wandplatte „Teufelei II“ Emailfarbe
von Prof. Heinz Werner. Unikat 66/89. Ø 57 cm.
Abb. im Buch Meissner Konturen S. 140

Schale „Farbige formale Gedanken I“. Emailfarben. Schale von Ludwig Zepner,
Dekor Volkmar Bretschneider. Unikat 36/89. Ø 51 cm
Abb. im Buch Meissner Konturen

„Mensch im Block“ unglasierte, partielle plastische Ausführung von Peter Strang unter Mitwirkung von
Andreas Ehret. Unikat 18/90. H. 108 cm, Abb. im Buch Meissner Konturen

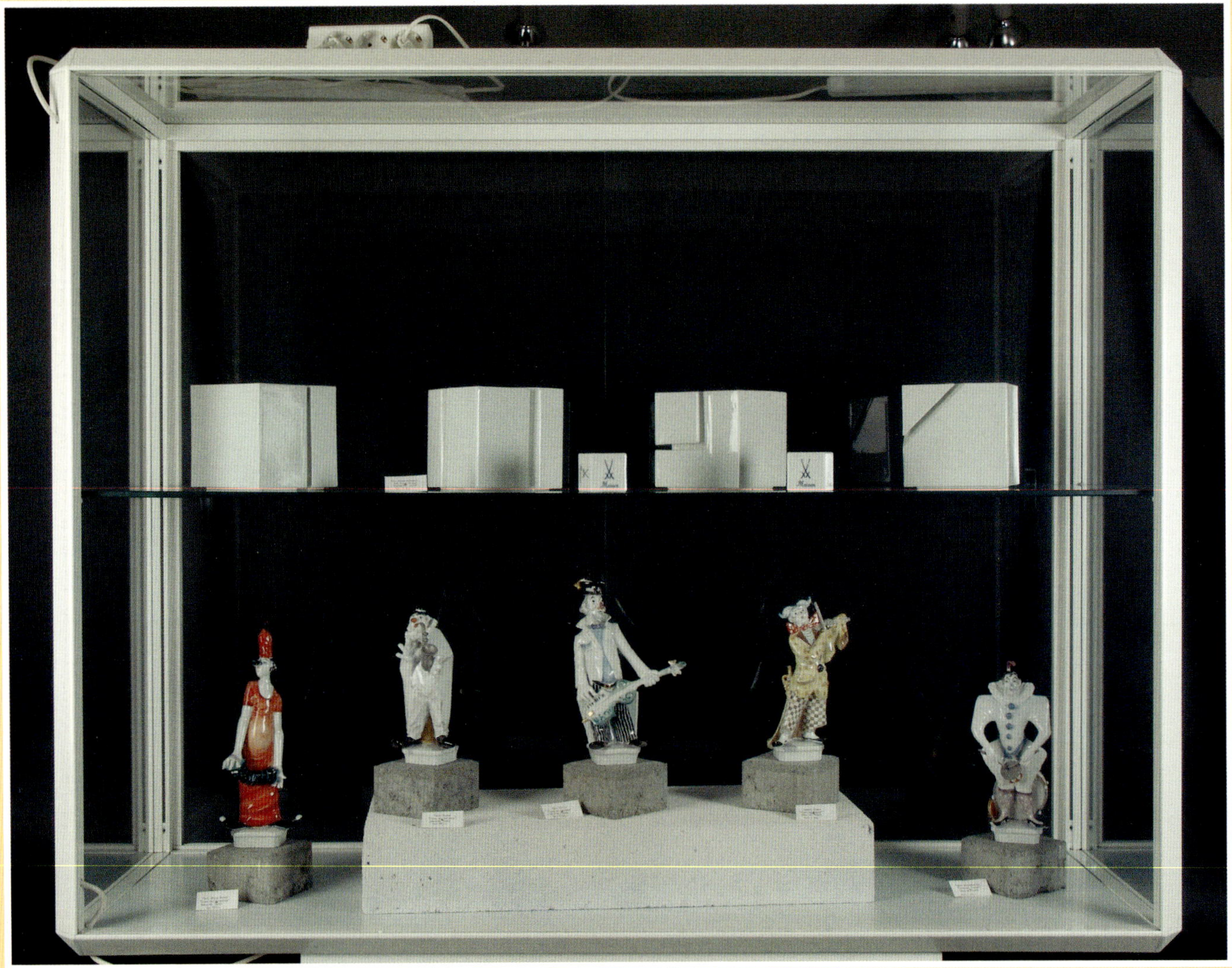

„Vier Kuben“, unbemalt von Peter Strang
Unikat 64/89. Abb. im Buch Meissner Konturen

5 Figuren „Darstellung der Künstler“, Emailfarben, Poliergold und Platin von Peter Strang
Clown mit Trommel = Persiflage a.Volkmar Bretschneider
Clown mit Saxophon = Persiflage a. Peter Strang
Clown mit Gitarre = Persiflage a. Rudi Stolle
Clown mit Geige = Persiflage a. Ludwig Zepner
Clown mit Harmonika = Persiflage a. Heinz Werner

Unikat 138/150 von 1987

„Vase mit Mädchengesicht“ Emailfarben.
Form von Ludwig Zepner. Dekor von Volkmar Bretschneider.
Die Vase mit Mädchengesicht, die er selbst spitzbübisch als „Zaubertrudel“ ironisierte, will die provozierende Jugend porträtieren. Irgendwie hat der Typus Nina Hagen vor seinem inneren Auge Modell gestanden. Unikat 43/89
H. 53,6 cm. Abb. im Buch Meissner Manuskripte

Figur „Der Sammler“ (Utz). Emailfarben. Poliergold sign. In Erinnerung an die festliche Premiere des Films „Utz“ im UFA Palast Dresden 27. Januar 1993 sign. A. M. Stahl u. Peter Strang Unikat 14 /30

Schale
„Zwei Akte“ von Andreas Ehret. Unikat 93/94. Ø 30 cm

Wandbild „Licht“ Unterglasur-und Lösungsfarbe auf strukturierter Porzellanplatte, von Ludwig Zepner
Unikat 21/90. H. 68,6 cm x 43,7 cm
Abb. im Buch Meissner Konturen

Objekt „Omas Kaffeestunde“,
bunt staffiert von Olaf Fieber
Unikat 58/ 1997. H. 31cm, B. 42,5 cm, T. 17 cm

Verschiedene Objekte „Tausendundeine Nacht“
Dekor von Prof. Heinz Werner. Er inszenierte eine bewegungsreiche, szenische Miniaturmalerei voller Phantasie und erotischem Zauber. Abb. Meissner Manuskripte

Verschieden „Büsten“,
von Peter Strang,
bunt staffiert
Unikate von 1994

„Schälchen“,
bunt staffiert
von Volkmar Bretschneider
Unikat
Ø 14,5 cm

Vase „Frühlingsblumen“
von Volkmar Bretschneider
Unikat 185/91
H. 18 cm

Schale „Der Fuchs“
von Sylvia Klöde
Unikat 43/94
Ø 31cm

Vase
„Aufsteigende Elemente in Blau und Gold“
Scharffeuerfarben, Poliergold-Platin-Gemisch.
Vase von Ludwig Zepner
Dekor vonVolkmar Bretschneider
Unikat 44/89
H. 52 cm
Abb. im Buch Meissner Konturen

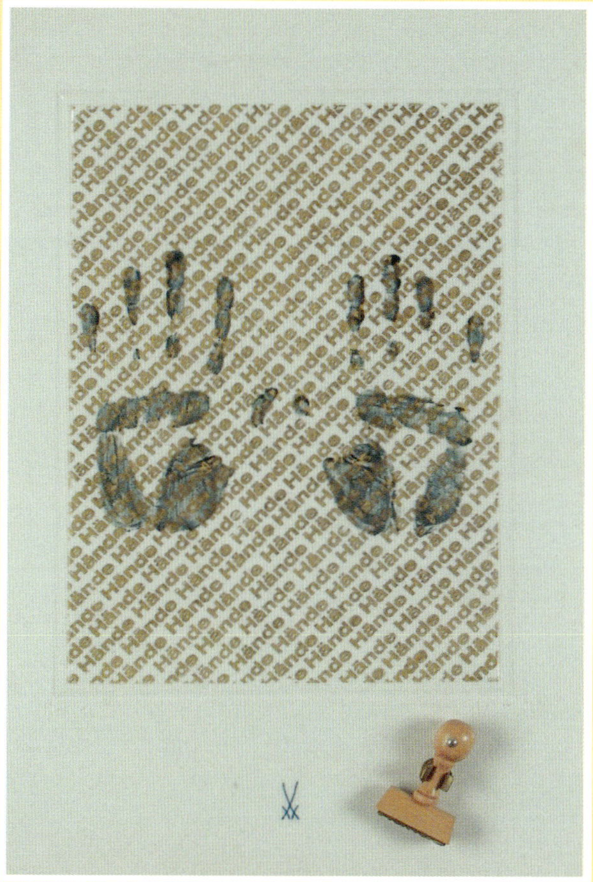

Wandbild „Die Hände“ von Olaf Fieber
Unikat 174/92. G. 51cm x 34 cm

Handbild
„Mit erotischer Szene“
von Prof. Heinz Werner,
sign.1987
Unikat 1/60
Ø 9,5 cm

Kugelspiel
von Volkmar Bretschneider
Unikat 1994
Ø 10 cm

Kleine Reliefplatten
von Prof. H. Werner
Spanier
Tänzerin im Zwingertor,
Spanierin,
Rosenkavalier
Serien Nr. 931823-26

Wandbild „Baum“
Scharffeuer-Lüsterfarbe u. Poliergold
von Christoph Ciesielski
Unikat 56/92
G. 74,8 cm x 35 cm
Abb. im Buch von J. Schärer von Wegen S. 6

Zusätzliche Markierung zur Schwertermarke seit 1948

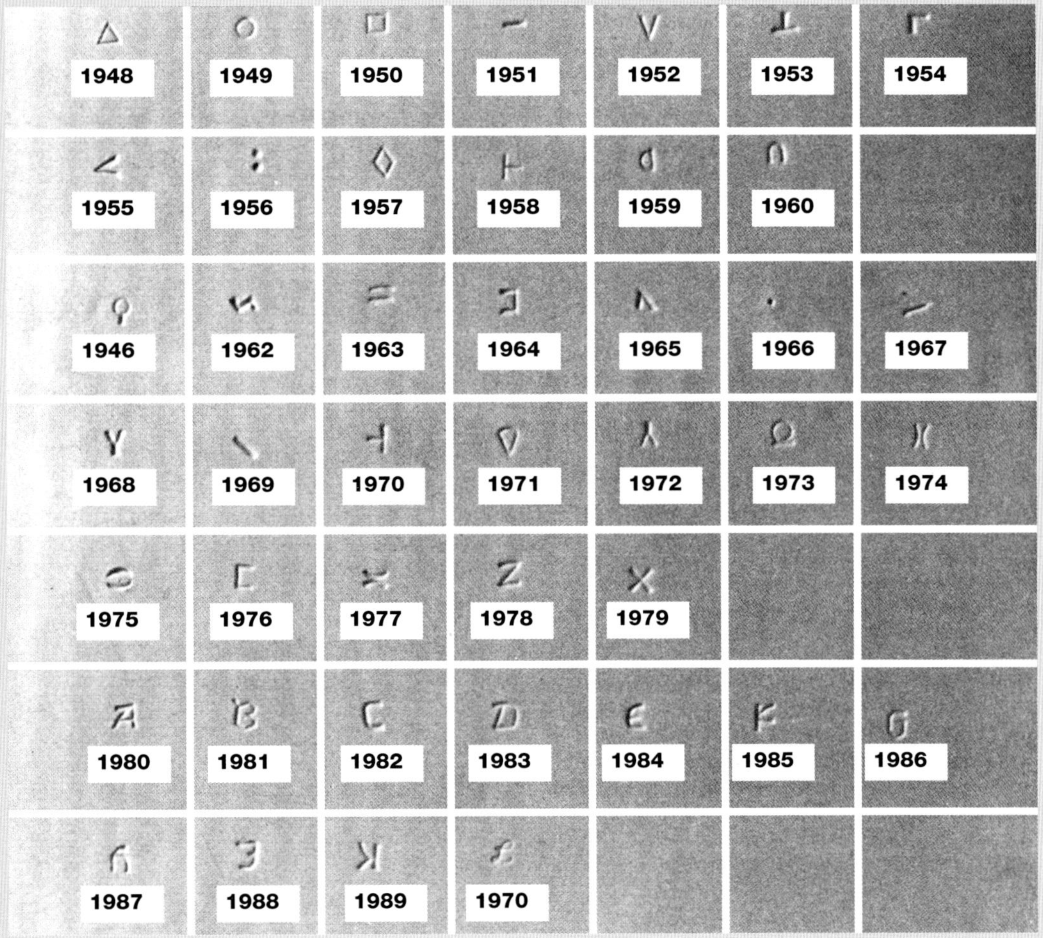

Personen-Register

Acier, Michel Victor (1736-1799), von 1764 bis 1781 und 1782 Bildhauer in der Meissener Manufaktur
Arnhold, Johann Samuel (1766-1828), Blumen- und Landschaftsmaler, 1806 Zeichenmeister, Königlicher Hofmaler, 1817 Entwurf des Weinlaubmusters
Arnold, Walter, Bildhauer, Zeichner, Grafiker, Hochschullehrer
August der Starke (1670-1733), König von Polen und Kurfürst von Sachsen

Balden, Theo (geb. 1904), Bildhauer
Baltzer, Hans (1900-1968), Grafiker, Illustrator
Barlach, Ernst (1870-1938), Grafiker und Dichter, Professor, 1923/24 freischaffend für die Manufaktur tätig
Baring, Eugen AlbertWilliam (1881 bis 1961), von 1899 bis 1945 Porzellanmaler in der Meissener Manufaktur
Bergander, Rudolf (1909-1970), Meissener Porzellanmaler, Maler, Grafiker, Hochschullehrer
Bernini, Giovanni Lorenzo (1598-1680) italienischer Bildhauer
Bindig, Eva (geb. 1932), verehelichte Bretschneider
Börner, Emil Paul (1888-1970), Bildhauer, Medailleur, Maler, Grafiker, Hochschullehrer; von 1910 bis 1937 in der Meissener Manufaktur, unter anderem als Malereidirektor
Böttger, Johann Friedrich (1682-1719), Apotheker, Erfinder des Hartporzellans, Lokaladministrator der Meissener Manufaktur
Braunsdorf, Julius Eduard (1841 bis 1922), von 1855 bis 1906 Porzellanmaler in der Meissener Manufaktur
Bretschneider, Friedrich (1904-1969)
Bretschneider, Hildegard (1910-1951)
Bretschneider, Horst (geb. 1952), seit 1968 Porzellanmaler in der Meissener Manufaktur
Bretschneider, Volkmar geb. 1930 Maler, ab 1949 Blumen-, Frucht- und Porträtmaler, ab 1975 Künstlerische Entwicklungsabteilung
Brühl, Georg (geb. 1931), Museologe, Kunstwissenschaftler und Sammler
Brühl, Heinrich Graf von (1700-1763), sächsischer Kabinettsminister, seit 1733 zugleich mit der Leitung der Meissener Manufaktur betraut
Burkhardt, Oskar (1882-1960), von 1911 bis 1953 in der Meissener Manufaktur, unter anderem als Bossierer
Ciesielski, Christoph (geb. 1957), seit 1974 in der Meissener Manufaktur, zunächst als Indischmaler
Clauß, Eduard Gerhard (1906-1966), 1923 Meissener Porzellanmalerlehrling, später freischaffender Künstler

Damme, Friedrich Otto (1891-1979), von 1908 bis 1956 in der Meissener Manufaktur, unter anderem als Wild- und Figurenmaler
Damme, Jutta (geb. 1929), Malerin, Hochschullehrerin
Danielczyk, Jörg (geb. 1952), Designer
David, Gerhard (1920-1976), Maler, Hochschullehrer
Drake, Heinrich (geb. 1903), Bildhauer, Hochschullehrer

Eberlein, Johann Friedrich (1696 bis 1749), Porzellanmaler, Mitarbeiter Kaendlers
Ehder, Johann Gottlieb (1717-1750),
Ehret, Andreas (geb. 1959), seit 1975 in der Meissener Manufaktur, zunächst als Porzellandreher
Eichler, Carl Theodor (1868-1946) Modelleur, von 1886 bis 1928 in der Manufaktur beschäftigt
Enderlein, Ewald Max Karl (1872 bis 1954), Maler, Grafiker, Hochschullehrer
Esser, Max (1885-1945), Bildhauer, seit 1919 in Kontakt mit der Meissener Manufaktur

Fichte, Reinhard (geb. 1942), von 1957 bis 1989 in der Meissener Manufaktur, zunächst als Unterglasurmaler, zuletzt als Generaldirektor
Fieber, Olaf (geb. 1966), seit 1983 in der Meissener Manufaktur, zunächst als Bossierer
Findeisen, Wilhelm Arthur (1892 bis 1978), Blumenmaler, von 1906 bis 1962 in der Meissener Manufaktur
Fischer, Bärbel siehe unter Kuntsche
Fitzenreiter, Wilfried (geb. 1932), Bildhauer
Flath, Carl Max (1875-1927) Blumenmaler, seit 1891 in der Meissener Manufaktur
Flech, Regina, Plastikerin
Fohlert, Johannes (geb. 1927), seit 1950 in der Meissener Manufaktur, unter anderem als Staffiermaler
Forst, Rudi (geb. 1938), seit 1953 in der Meissener Manufaktur, unter anderem als Blumenmaler und Zeichenlehrer
Friedrich, Wolfgang (geb. 1947), Bildhauer

Gaube Gudrun
Gaul, August (1869-1921), Professor, Bildhauer
Gerstel, Wilhelm (1879-1963), Bildhauer
Glöckner, Hermann (1889-1987), Maler und Zeichner
Göttsche, Michael (geb. 1934), Plastiker
Gottschalch, Jochen (geb. 1937), seit 1951 Staffiermaler in der Meissener Manufaktur
Großer, Ottomar Erhard von 1918 bis 1967 in der Meissener Manufaktur, unter anderem als Bossierer und Modelleur
Grundig, Lea (1906-1977), Grafikerin, Hochschullehrerin, von 1964 bis 1970 Präsidentin des Verbandes Bildende Künstler der DDR
Gruner, Wilhelm Heinrich Ludwig (1801-1882), Professor, Maler 1856 Direktor des königlichen Kupferstichkabinetts
Grust, Otto Friedrich Theodor (1857 bis 1919), Maler, seit 1898 in der Meissener Manufaktur, unter anderem als Porzellanmaler und Malereiinspektor
Grzimek, Waldemar (geb. 1918), Bildhauer

Habenicht, Carl Gotthelf (1800-1849) Modelleur, ab 1837 Vorsteher der Gestaltung
Haberecht, Johannes Georg (1907 bis 1971), seit 1922 Porzellanmaler in der Meissener Manufaktur
Hähnel, Ernst Julius (1811-1891), Bildhauer
Hanke, Gudrun (geb. 1939), verehelichte Zepner
Heinze, Helmut (geb. 1932), Bildhauer
Heisig, Walter, Direktor des Instituts für angewandte Kunst, Berlin
Helmig, Johannes Theodor Paul (1859-1939), Modelleur
Hentschel, Johannes Rudolf (1869 bis 1951), von 1895 bis 1934 Porzellanmaler und Entwerfer in der Meissener Manufaktur
Hentschel, Julius Konrad (1872-1907), Bossierer und Bildhauer, seit 1901 Modelleur in der Meissener Manufaktur
Henze, Wolfgang (1904-1969), Keramiker, Hochschullehrer
Herrig, Willy (1904-1984), von 1919 bis 1979 in der Meissener Manufaktur, vor allem als Indischmaler
Hertens, Andreas (geb. 1967), seit 1984 in der Meissener Manufaktur, zunächst als Blumenmaler
Hesse, Wolfram (geb. 1932), Bildhauer
Höroldt, Johann Gregorius (1696 bis 1775), Tapetenmaler, von 1720 bis 1765 Porzellanmaler und Leiter der Malerei in der Meissener Manufaktur
Hösel, Erich Oskar (1869-1953), Bildhauer, von 1903 bis 1929 Leiter der Gestaltung in der Meissener Manufaktur
Howard, Walter (geb. 1910), Bildhauer
Hütter, Heidi (geb. 1949), Designerin
Hütter, Jürgen (geb. 1948), Designer
Irminger, Johann Jacob (vor 1682 bis nach 1721), Goldschmied, Hofjuwelier in Dresden, ab 1710 verantwortlich für die Porzellangestaltung der Meissener Manufaktur

Jacob, Gertrud (geb. 1916), verehelichte Stolle
Jaeger, Gerd (geb. 1927), Bildhauer, Hochschullehrer
Jarczak, Martin, Hauptdirektor und später Generaldirektor der VVB Keramik in Erfurt/Thür.
Jüchtzer, Christian Gottfried (1752 bis 1812), seit 1769 in der Meissener Manufaktur, zunächst als Bossierer, später Modellmeister und Obergestaltungsdirektor
Just, Johannes (geb. 1939), Lehrer, Museumsdirektor, von 1966 bis 1968 Archivar der Meissener Manufaktur

Kaendler, Johann Joachim (1706 bis 1775), Bildhauer, seit 1731 Modellmeister und später Leiter der Gestaltung der Meissener Manufaktur
Kaiser, Rudolf Keramiker, Hochschullehrer
Kegel, Klaus (geb. 1940), seit 1954 in der Meissener Manufaktur, unter anderem als Blumen- und Vogelmaler
Kirchner, Johann Gottlieb (1706 bis nach 1737), Bildhauer
Klemke, Werner (geb. 1917), Grafiker
Klengler, Siegfried (geb. 1939), seit 1953 in der Meissener Manufaktur, anfangs als Modelleur gegenwärtig als Modellmeister
Klöde, Sylvia (geb. 1956), Bildhauerin
König, Alfred (1871-1940), Modelleur, von 1877 bis 1932 in der Manufaktur beschäftigt
Körting, Elisabeth (geb. 1926), Keramikerin
Körting, Heiner Hans (geb. 1911), Keramiker
Kühn, Heinrich Gottlob (1788-1870), Direktor
Kühn, Volkmar (geb. 1942), Bildhauer
Kuhle, Wolfgang, Bildhauer
Kunckel, Johann (1630-1703), Alchimist, Chemiker, Glasmacher
Kuntsche, Bärbel (geb. 1939), Malerin und Grafikerin, von 1953 bis 1962 in der Meissener Manufaktur, u. a. als Blumenmalerin

Kuntsche, Wolf-Eike (geb. 1941), Bildhauer

Lang, Lothar, Kunsthistoriker
Latham, Richard (geb. 1920), amerik. Designer
Lauschke, Rudolf (1898-1985), von 1915 bis 1965 in der Meissener Manufaktur, unter anderem als Blumenmaler sowie als Leiter der Malerei
Lentner, Emil (1880-1955), Kaufmann, von 1929 bis 1933 in der Meissener Manufaktur, unter anderem als Handelsdirektor
Leuteritz, Ernst August (1818-1893), von 1831 bis 1885 in der Meissener Manufaktur, unter anderem als Bossierer, Modelleur sowie Leiter der Gestaltung
Limbach, Ernst Hermann (1879 bis 1946), Maler, seit 1912 als entwerfender Künstler in der Meissener Manufaktur
Lingner, Max (1888-1959), Maler und Grafiker
Löhner, Rudolf (1890-1971), Bildhauer
Lucke, Astrid (geb. 1939), Keramikerin, Hochschullehrerin
Ludwig XIV. (1638-1715), König von Frankreich
Lücke, Johann Friedrich (1727-1797), Bildhauer, Vorsteher der Gestaltung

Mahn-Diedering, Brigitte (geb. 1933), Formgestalterin, Hochschullehrerin
Makolies, Peter (geb. 1936), Steinmetz, Bildhauer
Manthey, Heidi (geb. 1928), Keramikerin, Hochschullehrerin
Manzù, Giacomo (geb. 1908), ital. Bildhauer
Marcks, Gerhard (1889-1981), Bildhauer, Maler und Grafiker
Mäser, Rolf (geb. 1925), Lehrer, von 1960 bis 1991 Museumsdirektor
Matthes, Manfred (geb. 1936), seit 1950 Indischmaler in der Meissener Manufaktur
Mattheuer, Wolfgang (geb. 1927), Maler, Grafiker und Bildhauer
Menzhausen, Joachim, Kunsthistoriker, Museumsdirektor
Merz, Hans (1921-1987), Formgestalter, 1956 und 1957 Mitarbeiter in der Gestaltung der Meissener Manufaktur
Meyer, Friedrich Elias (1723-1785), Bildhauer, von 1748 bis 1761 in der Manufaktur beschäftigt
Michaelis, Paul (geb. 1914), Maler, Hochschullehrer
Michel, Horst (geb. 1904), Formgestalter, Hochschullehrer
Mrusek, Hans-Joachim (geb. 1920), Kunsthistoriker, Hochschullehrer, von 1946 bis 1948 Schauhallenverwalter in der Meissener Manufaktur
Münch-Khe, Willi (1886-1961), Maler und Bildhauer, 1912 und 1913 Porzellanmaler in der Meissener Manufaktur, 1925 bis 1932 und 1954 bis 1956 als Entwerfer in Kontakt mit ihr

Naumann, Herbert (geb. 1918), Keramiker, Hochschullehrer
Neuhaus, Herbert (1897-1967), von 1921 bis 1951 in der Meissener Manufaktur, zunächst als Blumenmaler und zuletzt als Direktor

Oehme, Paul Erich (1889-1970), von 1912 bis 1936 Modelleur in der Meissener Manufaktur
Ohain, Pabst von (1656-1729), Bergrat, ab 1701 Aufsichtsperson für Böttger
Offermann, Friedrich (1859-1913), Modelleur

Permoser, Balthasar (1651-1732), Bildhauer
Peschel, Johannes (geb. 1931), Bildhauer
Petermann, Karl (1929-1983), Klempner, Keramikingenieur, Hochschullehrer, seit 1969 Direktor der Meissener Manufaktur
Petras, Hubert (geb. 1929), Formgestalter
Pfeiffer, Max Adolf (1875-1957), Maschinenbauingenieur, von 1913 bis 1934 zunächst Kaufmännischer und zuletzt Generaldirektor in der Meissener Manufaktur
Punct, Karl Christoph (gest. 1765), Bildhauer

Quiel, Erdmann Fritz (1906-1988), Porzellanmaler, 1927 bis 1929, 1934 bis 1940 und 1945 bis 1971 in der Meissener Manufaktur, unter anderem als Wandplattenmaler

Radlach, Ute (geb. 1940), verehelichte Strang
Rauch, Christian Daniel (1777-1857), Bildhauer
Reichel-Drechsler, Elfriede (geb. 1923), Bildhauerin
Reinecke, Peter (1715-1768), Porzellanmaler, Mitarbeiter Kaendlers
Reinheckel, Günter (geb. 1933), Lehrer, Museumsdirektor, von 1957 bis 1965 in der Meissener Manufaktur, unter anderem als Archivar und Kunstgeschichtslehrer
Richter, Etha (1883-1977), Bildhauerin und Grafikerin
Richter, Adrian Ludwig (1803-1884), Maler, von 1828 bis 1835 als Zeichenlehrer in der Manufaktur
Paul, Richter (1856-1908), Maler
Richter, Rudi (geb. 1924), Bankkaufmann, von 1966 bis 1969 Direktor der Meissener Manufaktur
Ridinger, Johann Elias (1698-1767), Grafiker
Riemerschmid, Richard (1868-1957), Architekt, Professor, 1904/05 freischaffend für die Manufaktur tätig
Roßdeutscher, Eberhard (1921-1980), Steinbildhauer
Rost, Otto, Bildhauer
Rumberg, Walther (1894-1961), Porzellanmaler, von 1913 bis 1958 Indischmaler in der Meissener Manufaktur

Saering, Elfriede (geb. 1933), verehelichte Werner
Schanze, Gerhard (geb. 1931), seit 1946 in der Meissener Manufaktur, unter anderem als Blumenmaler, Wandplattenmaler und Leiter der Porzellanwandgestaltung
Scharnhorst, Herbert (geb. 1906), Modelleur, Keramikingenieur, von 1920 bis 1932 und 1938 bis 1974 in der Meissener Manufaktur, unter anderem als Bossierer und Produktionsdirektor
Scherz, Brigitte (geb. 1939), Keramikmalerin, seit 1960 Unterglasurmalerin in der Meissener Manufaktur
Scheurich, Paul (1883-1945), Bildhauer, Maler und Grafiker, von 1913 bis 1938 in Kontakt mit der Meissener Manufaktur
Schiffner, Gerhard Wolfgang (1905 bis 1975), von 1920 bis 1928 Porzellanmaler, 1945 und 1946 Leiter der Zeichenschule der Meissener Manufaktur, später Beziehungen zu ihr als Freischaffender
Schnürpel, Peter (geb. 1941), Maler und Grafiker, Hochschullehrer
Schöne, Johann Daniel (1767-1843), Modelleur, von 1783 bis 1843 in der Manufaktur tätig
Schönheit, Johann Karl (1730-1805), Bildhauer, von 1745 bis 1794 in der Manufaktur beschäftigt
Schötschel, Margit (geb. 1933), Bildhauerin 104
Schott, Walter (1861-1938), Bildhauer, um 1898/1900 freischaffend für die Manufaktur tätig
Schulz, Helmut Georg (1906-1984), von 1922 bis 1971 in der Meissener Manufaktur, unter anderem als Porzellanmaler und als Mitarbeiter des Börner-Ateliers
Schumann, Emil Richard (1899-1971), Lehrer, von 1947 bis 1969 in der Meissener Manufaktur, unter anderem als Indischmaler und Berufsschullehrer
Schumann, Hermann Fritz (1895 bis 1981), von 1910 bis 1964 Porzellanmaler in der Meissener Manufaktur
Schwimmer, Max (1895-1960), Maler und Grafiker
Seitz, Gustav (1906-1969), Bildhauer und Grafiker
Sell, Hildegund (geb. 1933), Keramikerin
Sell, Lothar (geb. 1939), Grafiker, Plastiker, Hochschullehrer
Simon, Richard Fritz (1906-1983), von 1921 bis 1971 in der Meissener Manufaktur, unter anderem als Blumenmaler und Zeichenlehrer
Sitte, Wilhelm (Willi) (geb. 1921), Maler und Grafiker, von 1974 bis 1988 Präsident des Verbandes Bildender Künstler der DDR
Skorupa, Horst (geb. 1941), Museologe, Keramiker
Spörri, Eduard (geb. 1901), schweiz. Bildhauer und Grafiker
Stachat, Friedrich (geb. 1938), Holzbildhauer, Töpfer, Keramiker
Steger, Johannes (1907-1968), Bildhauer, Hochschullehrer
Steinert, Matthias (geb. 1954), seit 1954 Blumen- und Fruchtmaler in der Meissener Manufaktur
Sterba, Günter (geb. 1922), Biologe, Mediziner, Experte für Meissener Porzellan
Stolle, Elise (1887-1941)
Stolle, Max (1886-1970)
Stolle, Rudi ((geb. 1919), Maler, seit 1947 in der Manufaktur
Strang, Charlotte (1901-1986)
Strang, Peter (geb. 1936), Bildhauer, seit 1950 in der Manufaktur
Strang, Willi (1896-1947)
Struck, Alexander (1902-1990), von 1917 bis 1968 in der Meissener Manufaktur, unter anderem als Bossierer, Modelleur und freischaffender Mitarbeiter
Sturm, Ludwig Philipp Georg (1844 bis 1926), Maler, von 1880 bis 1905 Leiter der Malerei der Meissener Manufaktur
Symmank, Ellinor (geb. 1931), Formgestalterin

Teubner, Joachim (geb. 1952), von 1969 bis 1990 als Indisch-, Figuren- und Blumenmaler in der Meissener Manufaktur
Thein, Heinrich (1888-1969), Bildhauer, von 1945 bis 1949 Leiter der Gestaltung der Meissener Manufaktur
Thiel, Karl Eduard August (1839 bis 1920), von 1874? bis 1909 Bossierer in der Meissener Manufaktur
Thiele, Johann Alexander (1685-1752), Landschaftsmaler, Radierer, Hofmaler
Thoelke, Bärbel (geb. 1938), Formgestalterin
Thorvaldsen, Bertel (1768-1844), Professor, Maler, Bildhauer
Tizian (1476/77-1576), italienischer Maler
Tschirnhaus, Ehrenfried Walther von (1651-1708), Mathematiker und Physiker

Ullmann, Robert, Bildhauer

Vasarely, Victor (geb. 1908), ung. Maler
Velde, Henry Clemens van de (1863-1957), Maler, Architekt, Professor, 1903/05 freischaffend für die Manufaktur tätig
Vent, Hans (geb. 1934), Maler, Hochschullehrer
Vermeer van Delft, Jan (1632-1675), holländischer Maler
Voigt, Karl (1988-), von 1922 bis 1954 Modelleur in der Meissener Manufaktur
Voigt, Otto Eduard Gottfried (1870 bis 1949), von 1896 bis 1932 in der Meissener Manufaktur, unter anderem als Scharffeuermaler
Volwahsen, Herbert (1906-1988), Maler

Wachs, Sabine (geb. 1960), Formgestalterin
Wagner, Emil (1880-1973), von 1908 bis 1952 in der Meissener Manufaktur, unter anderem als Buchhalter und zuletzt als Kaufmännischer Direktor
Wagner, Hannes H. (geb. 1922), Maler, Hochschullehrer
Walcha, Otto (1901-1968), Lehrer, Keramiker, Schriftsteller, 1957 und 1958 sowie 1965 und 1966 Archivar in der Meissener Manufaktur
Walter, Hannes (geb. 1943), Silikattechniker, seit 1974 in der Meissener Manufaktur, unter anderem als Laborleiter und gegenwärtig als Geschäftsführer
Walther, Paul (1876-1933), seit 1891 in der Meissener Manufaktur, unter anderem als Bossierer
Wanitschke, Vinzenz (geb. 1932), Bildhauer
Watteau, Antoine (1684-1721), französicher Maler
Weeger, Franz Andreas (1767-1832), Bildhauer seit 1802 in der Manufaktur beschäftigt
Weidanz, Gustav (1889-1970), Bildhauer
Werner, Gertrud (1902-1990)
Werner, Heinz (geb. 1928), Professor, Diplommaler, 1958 künstlerische Entwicklungsbteilung, 1971 Diplommaler
Werner, Willi (1899-1985)
Wiegand, Martin (geb. 1867-??), Bildhauer, Maler
Wiinblad, Bjørn (geb. 1918), dän. Illustrator, Bühnenbildner, Kunsthandwerker und Designer
Wittich-Großkurth, Ulli (geb. 1932), Töpferin, Keramikerin
Woyski, Jürgen von (geb. 1929) 98
Wrobel, Egon (geb. 1939), Keramiker
Wronkowski, Gerhard (geb. 1929), Scheibentöpfer, seit 1974 Dreher in der Meissener Manufaktur
Wünsche, Manfred (geb. 1932), seit 1948 in der Meissener Manufaktur, unter anderem als Medailleur
Wüstemann, Waldemar (1897-1978), Kaufmann, von 1951 bis 1965 Direktor der Meissener Manufaktur

Zaprasis, Fotis (geb. 1940), Maler griech. Herkunft
Zeissig, Johann Eleazar (1737-1806), Maler,, von 1773 bis 1796 in der Manufaktur beschäftigt, ab 1773 Professor für Malerei in der Dresdner Kunstakademie und Leiter der Zeichenschule der Manufaktur, Hofmaler
Zepner, Elisabeth (geb. 1906)
Zepner, Ludwig (geb. 1931), Diplomformgestalter, 1964 Leiter der künstlerischen Entwicklungsabteilung
Zepner, Paul (1905-1943)
Zorn, Friedrich (1643-1716), Apotheker
Zwar, Fürchtegott Ehrhard (1898 bis 1977), Maler

Meissen Porzellan-Gemälde – ein Wunder der Malerei

Vor allem in der Zeit die Historismus genannt wird, entstanden auf Tellern, Wandplatten und Medaillons hervorragende Gemälde die man aus den Museen und Galerien der Welt kennt. Bemerkenswert sind hierbei die technische Fähigkeit und das künstlerische Können der Maler die solche Meisterwerke erschaffen haben. Der Maler benötigt großes Fachwissen um erkennen zu können, dass nach jedem Brand sich die Porzellanfarben verändern werden. Damit die Farbe des Porzellanbildes den Farben des original Gemäldes ziemlich nahe kommen, müssen diese Bilder **zehn- bis zwölfmal übermalt werden. Nach jeder Übermalung wird dann das Porzellanbild wieder mit 820° C gebrannt.** Der Künstler musste in den be-treffenden Museen malen und dann das Porzellanbild in der Meißen Manufaktur brennen. Durch diesen Vorgang ist es nicht verwunderlich, dass die Fertigstellung eines solchen Mei-sterwerkes als Porzellanbild je nach dessen Größe bis zu mehreren Jahren dauerte.
Gemälde, die auf Porzellan gemalt sind, wurden als unvergänglich angesehen.
Der erste Maler der Meißener Manufaktur war der Kupferstecher, Farblaborant und Porzel-lanmaler Johann Martin Heinrici (1711/13 – 1786), der bekannte Gemälde auf Porzellantafeln übertrug. Ihm folgten so bekannte Porzellanmaler wie Christian David Busch (+1790), Christian Friedrich Herold (1700-1779), Johann Gregorius Höroldt (1696-1775), Bonaventura Gottlieb Hoyer (1709-1782), Johann Gottfried Klinger (1701-1781) und David Köhler (1683-1723).
Die Königliche Porzellansammlung in Dresden erhielt am 30. März 1836 "unter Vorbehalt des Eigentumsrechtes der Manufactur" solche Porzellan-Plattengemälde: ein Pottersches Tierstück, gemalt von Carl Gottlieb Scheiblich; eine Schweizer Landschaft, gemalt von
Christian Gottlieb Schröder; ein Frühstück, gemalt von Ernst Ferdinand Pfützner; ein histori-sches Bild nach Overbeck, gemalt von Christian Müller. Offenbar dienten diese Gemälde lediglich dazu, den Leistungsstand der Maler zu dokumentieren.
Als im Jahre 1842 in Berlin die Industrieausstellung stattfand, wurde ein "Landschaftsgemälde auf Platte, eine Ansicht von Meißen darstellend" gezeigt. Dies wurde von ihrer Majestät, der Königin von Preußen, gekauft. Ein weiteres Plattengemälde das dort zu sehen war, ist "ein Reitertreffen nach Wouwermann von Scheinert".
Ein weiterer Höhepunkt der Porzellangemälde, wurde bei der Gewerbeausstellung 1850 in Leipzig von Meißen gezeigt. Es handelt sich hierbei um eine Porzellanbildplatte mit dem Namen "Die Spitzenklöpplerin" nach Slingeland, das von Friedrich Wilhelm Günter geschaffen wurde. Das Bild ging ein Jahr später zur Londoner Weltausstellung.
Was heute in der Schauhalle der Staatlichen Porzellanmanufaktur Meißen ausgestellt ist, ist ein Porzellangemälde Dekor "Zinsgroschen" nach Tizian (Größe 26,5cm mal 20cm) aus der Zeit um 1850.

Pâte-sur-pâte-Malerei (Unter Glasur Malerei)
Die Pâte-sur-pâte-Technik (Schicht-für-Schicht) ist eine Schlicker-Malerei, die auf das rohe, noch ungebrannte Porzellan in vielen Lagen aufgetragen wird. Dadurch wird eine reliefartige Dekoration, die in den dünneren Lagen den eingefärbten Untergrund durchscheinen lässt, erreicht.
Limoges-Technik (Auf Glasur Malerei)
Die Limoges-Technik ist die gleiche Schicht-für-Schicht Malerei wie sie oben beschrieben wurde. Der Unterschied liegt darin, dass bei der Limoges-Technik die Malerei auf die Glasur aufgetragen wird.

In meiner 25jährigen Tätigkeit als Experte für Porzellan und Antiquitäten sind Gemälde auf Meissen Porzellan sehr selten zur Begutachtung vorgelegt worden. Bei ca. 5.000 Schätzungen war nur eine Porzellanbildplatte aus Meissen Porzellan dabei. Das zeigt die Bedeutung und die Einzigartigkeit dieser Meisterwerke.

Literatur-Nachweis

Ingelore Menzhausen
In Porzellan verzaubert.
Basel 1983

Laurence Mitchell
Meissen
Collector`s Catalogue

Staatliche Porzellan-Manufaktur
Meissen Kat. 379

Dr. Klaus-Peter Arnold,Dresden
Ulla Heise, Leipzig
Michael Ropers,Bon Bad Godesberg
„Ey ! wie schmeckt der Coffee süße“
Meissner Porzellan und Graphik

Hans Sonntag
Jürgen Karpinski
Schönheit im Detail
Ed. Leipzig 1998

Hans Sonntag
Verwandlungen
Literarische Figuren in
Meissener Porzellan. Ed. Leipzig 1999

Ulrich Pietsch
Frühes Meißener Porzellan
Sammlung Carabelli

Abraham L. den Blaauwen
Meissen Porcelain
in the Rijksmuseum
Amsterdamm 2000

Ulrich Pietsch
Frühes Meissener Porzellan
Aus einer Privatsammlung
Museum für Kunst und
Kulturgeschichte
der Hansestadt Lübeck

Rainer Rückert
Meißener Porzellan 1710-1810
München 1966

Rainer Rückert
Führer Schloß Lustheim
Meißener Porzellan-Sammlung
Stiftung Ernst Schneider
München 1977

Rainer Rückert
Biographische Daten der Meißner
Maufakturisten des 18. Jahrunderts
München 1990

Otto Walcha
Von den Anfängen bis zur Gegenwart
Dresden 1979

Melitta Kunze-Köllensperger
Alexanders Tiere
Band VII
Sammlung Axel Gutmann

Hugh Davies
Hans Sonntag
Meissener Porzellanhunde
1875-1925

Samuel Wittwer
Ein königlicher Tiergarten
Aus der Sammlung Rijksmuseum
Ernst Zimmermann
Meissner Porzellan
Leipzig 1926

Günter Reinheckel
Meissener Prunkservice
Ed. Leipzig 1990

Günther Sterba
Meissener Tafelgeschirr
Ed. Leipzig 1988

Julius Matusz
Porzellan
Betrachtungen und Biographien

Ulrich Pietsch
Porzellan Parforce
Jagdliches Meißner Porzellan
des 18. Jahrhunderts
Schloss Moritzburg 2005

Hans Sonntag
Erlebte Kunst
Meissner Figurenporzellan
aus drei Jahrhunderten

Yvonne Adams
Meissen Figures
1730-1775 The Kaendler Period

Deloris Hesni
The H. Lloryd Hawkind,jr.
Meissen Collection
New Orleans Museum of Art

T.H. Clarke
Marcolini Meissen Figures,
Engraved by Friedrich Elsasser
1785-1792

Ulrich Pietsch
Meißen für die Zaren
Porzellan als Mittel sächsisch-
russischer Politik im 18.
Jahrhundert

Ingelore Menzhausen
Alt-Meißner Porzellan
in Dresden

Helmuth Gröger
Johann Joachim Kaendler
der Meister des Porzellans

Wilfried Seipel
Weißes Gold aus Europa
Die Geschichte des Porzellans

Hans Sonntag
Meissener Porzellan
Bibliographie der deutschsprachi-
gen Literatur

Ulrich Pietsch
Meissener Porzellan und seine
Ostasiatischen Vorbilder
Ed. Leipzig

Bettina Schuster
Meissener Porzellan
Als wär`s ein Stück von mir
Weber Verlag Colditz
K. Butler
Meissner
Porzellanplastik des 18. Jahrunderts
Die Sammlung der Ermitage

Bettina Schuster
Meissen
Geschichten zur Geschichte und
Gegenwart der ältesten
Porzellanmanufaktur Europas

Staatliche
Porzellan-Manufaktur Meissen
Figuren und Gruppen
aus den Jahren 1919-1928
Band I ,Band II, Band III

Martin Eberle
Eine Menagerie
Meissener Tierplastiken des
Jugendstils
und Art dècos

Rainer Slotta
Gerhard Lehmann
Ulrich Pietsch
Ein fein "bergmannig" Porcelan
Abbilder vom Bergbau in
„weißem Gold“

Hermann Jedding
Meißener Porzellan des
18. /19.und 20. Jahrhunderts
München 1979

Ulrich Pietsch
Schwanenservice
Meissener Porzellan für
Heinrich Graf von Brühl

Barbara Beaucam-Markowsky
Porzellandosen des 18. Jahrunderts
Kinkhardt & Biermann 1985

Klassisches Meißen
Anlässlich des 275.Geburtstages der
Gründung der Manufaktur

Jürgen Schärer
AUF DEN PUNKT GEBRACHT
Porzellane für Meissen
Max Adolf Pfeiffer zu Ehren

Günter Meier
Porzellan aus der Meißner
Manufaktur
Henschelverlag Berlin 1983

Laura Brambilla Bruni
Porcellane die Meissen
Ceramiche della Collezione Gianetti

Jürgen Schärer
Höroldt `96
Verschiedene außerordentlich feine
Mahlerey und vergoldete Geschirre
die jederzeit ihren Liebhaber gefun-
den......
Hans Sonntag
Die Sprache der Blumen

Meissener Porzellan
Ed. Leipzig 1999

Dr.Jan Divi_
Europäisches Porzellan
Reiner Rückert
Schloss Lustheim
Meißener Porzellan-Sammlung
Stiftung Ernst Schneider

Klaus-Peter Arnold
Figürliches Porzellan
aus der Sammlung Spitzner
Ausstellung 1988

Thèrèse Burollet
Ville de Paris
MUSÈE COGNACQ-JAY
II Porcelaines 1983

Willy Doenges
Meissner Porzellan
Seine Geschichte und künstlerische
Entwicklung

Lothar Hennig
Glanz des Barock
Sammlung Ludwig in Bamberg

Anette Loesch
Ulrich Pietsch
Friedrich Reichel
Porzellan Sammlung
Dresden
Führer durch die ständige
Ausstellung im Zwinger

Kathy Gillmeister
Meissen Porcelain
The Kathy Gillmeister Collection
The Roy L Byrnes Collection
Fine Arts Mueseum of San
Francisco

Livia Nekam
Meissen Porcelain
In the Budapest Museum of Applied
Arts

Reinhard Jansen
Commedia dell `Arte
Fest der Komödianten

Jürgen Karpinski
Meissener Porzellan des 18.
Jahrhunderts
Henschelverlag 1990

Joachim Heinze
Meisterwerke
aus der ältesten Porzellan-
Manufaktur

Jürgen Schärer
Meissener Konturen
1960-1990
Ausstellung im Museum des
Kunsthandwerks Leipzig .
Grassimuseum Sept. 1991 bis Jan.
1992

Kurt Krockenberger
Edles Meissner Porzellan
aus 3. Jahrhunderten

Schwertermarke – ein absolutes Kennzeichen?

Viele nehmen Porzellan in die Hand, drehen das gute Stück um, schauen nach dem Markenzeichen und glauben, dass damit außer der Manufaktur auch die zeitliche Zuordnung geklärt ist. Aber so einfach ist die Sache nicht. Es bedarf langer Erfahrung und subtiler Kenntnisse der gesamten Manufakturvorgänge, um das Herstellungsdatum eines Exponates relativ genau einzukreisen.

Der Experte sieht dabei zuerst den Scherben, dann die Malerei und deren Farben und erst am Schluß zieht er das Markenzeichen zu Rate.

Meissen hat zwar bereits seit Beginn der 20er Jahre des 18. Jahrhunderts die sächsischen Kurschwerter als Marke zum Schutz vor Nachahmungen eingeführt, aber diese unterzogen sich einer langen Reihe von Wandlungen. Zu unterscheiden sind Schwerter in Unterglasurblau, Aufglasur, mit dickem und dünnem Pinsel oder der Feder aufgetragen, mit viel und weniger Farbe, scharf umrissen und fast bis zur völligen Unkenntlichkeit verlaufen.

Man muß wissen, dass die Zusammensetzung der Porzellanmasse ständigen und stetigen Verbesserungen unterzogen wurde. Dies betraf lange Zeit die Farbe des Scherbens, seine Härte und Porosität. Wird auf einem porösen Scherben – das Wort porös ist dabei relativ zu sehen, es handelt sich um Nuancen – das Markenzeichen aufgebracht und hatte der Pinsel vielleicht auch noch etwas zu viel Farbe, so konnten die Schwerter bis zur fast völligen Unkenntlichkeit zerfliessen. Hinzu kam, dass man bis zur Mitte des 18. Jahrhundert die meisten Figuren am Boden nachschleifen mußte um einen planen Grund zu erreichen. Durch das Nachschleifen wurden zwangsläufig auch die Schwertermarken an- oder weggeschliffen. Bei Figuren wurde Mitte des 18. Jahrhunderts deshalb die Marke außen am Sockel angebracht.

Später dann wurde deshalb die Stellfläche unten mit einem Rand versehen und lag deshalb tiefer, so daß die Marke unbeschädigt blieb.

Teilweise kam es auch vor, daß Porzellanteile im Weißlager verblieben und erst bei Bedarf, z. T. viel später, bemalt und in den Verkauf gebracht wurden. Marke und Bemalung stimmen zeitlich in diesen Fällen nicht überein.

Zu guter letzt muss man auch wissen, daß der Beruf des „Schwerterers“ einer der am schlechtest bezahlten Posten in der Manufaktur war.
Je nach Talent und Berufsauffassung fiel die Schwertermarke einmal exakt oder schlampig und ungenau aus.

Aus all diesem folgert, dass eine Selbstbestimmung von Meissner Porzellan sehr schwierig und für den Laien kaum möglich ist. Wer ein besonderes, qualitativ wertvolles Stück erwerben möchte, ist deshalb beim Experten gut aufgehoben. Nur er garantiert durch seine Expertise einen Kauf ohne Reue und eine Wertanlage mit Zukunft.

Kurt Krockenberger

Markenzeichen, fotografiert von Originalstücken

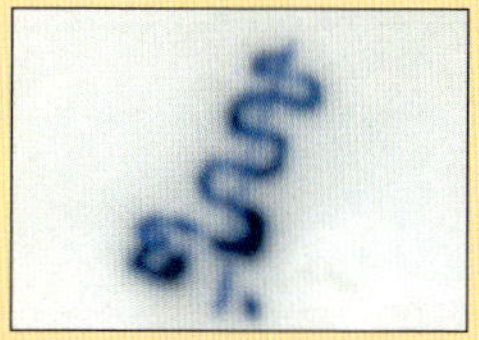

Merkur- auch Äskulapstab genannt. Unterglasur. Ab 1720 bis 1730. Aus chinesischen Zeichen abgewandelte Marke.

Schwertermarke mit KPM für Königliche Porzellan Manufaktur. Unterglasurblau. Ab 1723 bis 1725.

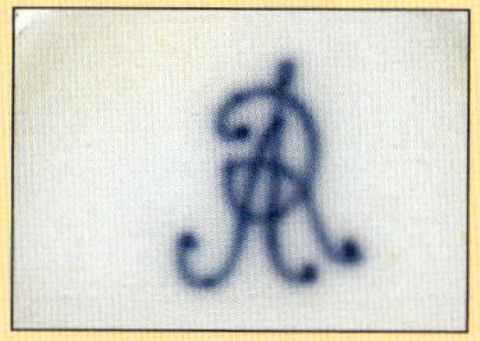

AR-Marke für Augustus Rex. Unterglasurblau. Monogramm August des Starken. Ab 1720 bis 1734.

K.H.C in Purpurcamaieu Auf-glasur für Königliche Hof Conditorei. 1. Hälfte 18. Jahrhundert

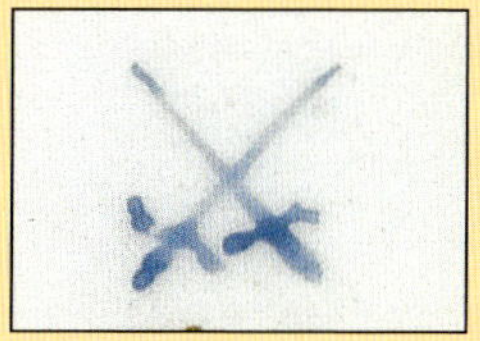

Schwertermarke aufglasurblau. Gelegentlich schon 1723 verwendet. Ab 1731 bis 1763 regelmäßig.

Schwertermarke unterglasurblau. Gelegentlich schon ab 1723 verwendet. Ab 1731 bis 1763 regelmäßig.

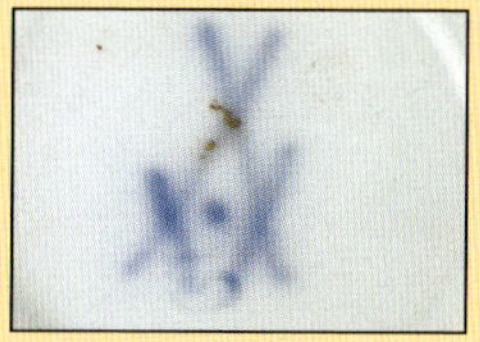

Schwertermarke mit Punkt. Punktzeit. Unterglasurblau. Schon 1756 verwendet. Ab 1763 bis 1774 regelmäßig.

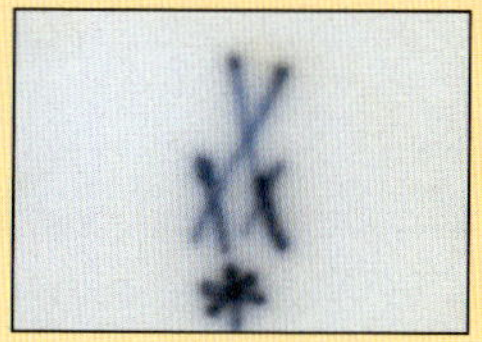

Schwertermake mit Stern. Unterglasurblau. Ab 1774 bis 1815. Marcolinizeit. Amtszeit von Camillo Graf Marcolini als Direktor der Manufaktur.

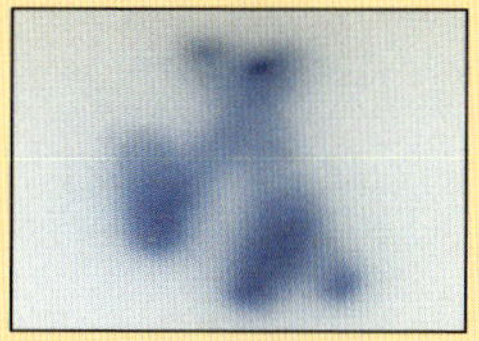

Schwertermarke unterglasurblau. Undeutlich verlaufen, auch Schmierschwerter genannt. Ab 1815 bis 1840.

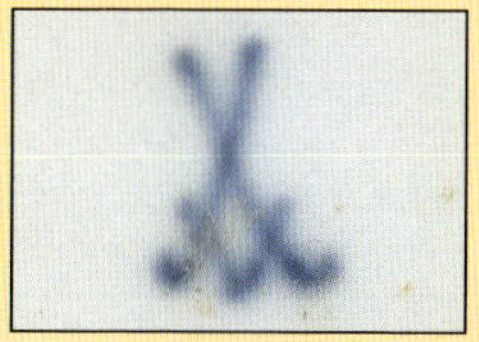

Schwertermarke unterglasurblau. Ab 1815 bis 1860.

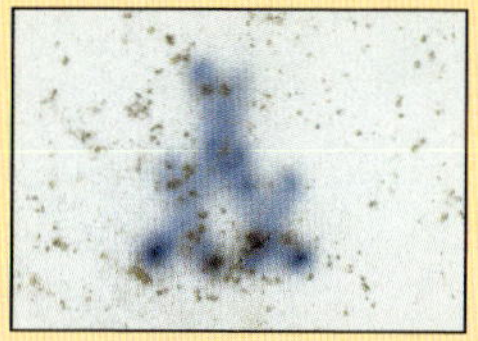

Schwertermarke blau auf unglasiertem Scherben. Ab 1815 bis 1860.

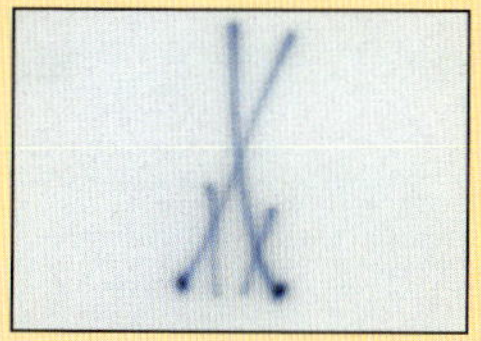

Schwertermarke unterglasurblau. Ab 1860 bis 1924.

Schwertermarke blau auf unglasiertem Scherben Ab 1860 bis 1924.

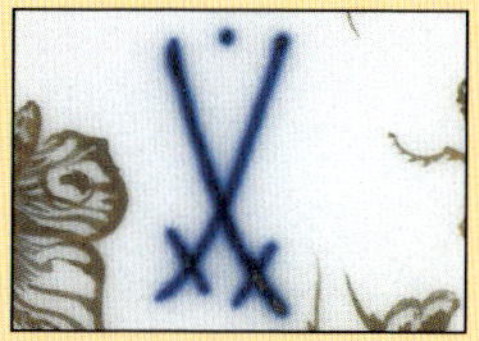

Schwertermarke mit Punkt. Pfeifferzeit. Ab 1924 bis 1934. Amtszeit von Max Adolf Pfeiffer als Direktor der Manufaktur.

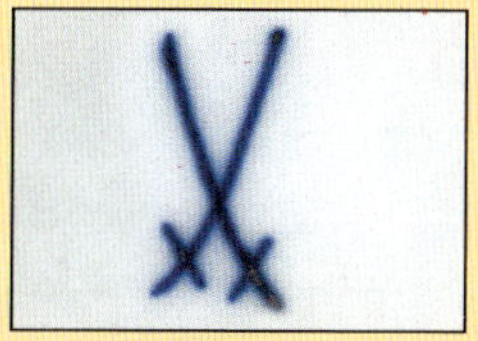

Schwertermarke unterglasurblau. Ab 1934 bis 1945.

Schwertermarke mit Bogen. Unterglasurblau. Ab 1945 bis 1946.

In der Zeit von 1815 bis 1924 hat sich die Schwertermarke nur unwesentlich geändert. Eine Altersbestimmung der Stücke ist in vielen Fällen nur aufgrund der unterschiedlichen Bemalung möglich.

Im Gespräch mit ehemaligen Mitarbeitern der Manufaktur wurde mir mehrfach die Bedeu-tung des Bogens unter der Schwertermarke wie folgt erklärt. Gebundene Schwerter: Daß Sie nie wieder streiten.

Eröffnung und Besucher im Haus der Kunst

STUTTGARTER NACHRICHTEN

Russische Großfürstin läßt in Grunbach altes Meissner kitten

Das Porzellan der Prinzessin

Von unserem Redaktionsmitglied Rainer Schauz

Prinzessin Dolgorcky bei Kurt Krockenberger Foto: Thomas Schlegel

REMSHALDEN – Wenn Pünktlichkeit eine Zier der Könige ist, macht Maria Anne Prinzessin Dolgorcky Großfürstin von Rußland keine Ausnahme. Punkt 11.30 Uhr erschien sie gestern im „Haus der Kunst" in Remshalden-Grundbach zur Audienz oder vielmehr zur improvisierten Pressekonferenz.

Die Hochwohlgeborene, deren Mann ein Enkel des Zaren Alexander II. ist, macht eher den Eindruck einer freundlichen Dame, die bereitwillig über ihren Tagesablauf und ihre Vorlieben plaudert. Und das in einem fast akzentfreien Deutsch, wo nur ab und zu ein leichter schweizer Kehl- oder französischer Nasallaut durchrutscht. Schließlich lebt die Großfürstin in der Schweiz, in Frankreich oder in Spanien.

Nach Grunbach kam sie am Dienstag eigens wegen der Porzellanklinik, die Kurt Krockenberger dort im Antiquitäten-Zentrum installiert hat. Den quirrligen Experten für Alt Meissner Porzellan hatte die Prinzessin auf einer Ausstellung in Zürich getroffen, wo Krockenberger unter anderem einen Teller mit Watteau-Motiv präsentierte. Die Prinzessin erkannte die Ähnlichkeit mit ihren eigenen Exponaten aus dem sogenannten Kaisergeschirr – und schon war man in Fachsimpeleien versunken. Etwa 500 Stücke, darunter viel Alt Meissner Porzellan – seit sechs Generationen gesammelt – sind im Familienbesitz derer von Dolgorcky und durch die Wirren nach der russischen Revolution sowie durch manigfaltige Umzüge hat das eine oder andere Exponat gelitten. In Krockenbergers Porzellanklinik hofft die Prinzessin nun die edlen Stücke wieder kitten lassen zu können. So auch die Figur mit dem Schneider auf dem Ziegenbock, die einst der Finanzminister von August dem Starken, Graf Brühl, im 17. Jahrhundert anfertigen ließ. Der Schneider des Grafen, so besagt die Geschichte, wollte unbedingt einmal an der Tafel des Hofes speisen, was natürlich nicht schicklich war. Weil der Graf dennoch eines Tages verkündete, man werde bei einem großen Fest mit dem Schneider tafeln, waren die Höflinge wohl sehr erleichtert, als am Platz des einfachen Mannes nur eine Porzellanfigur das Festmahl zierte.

Die Originalfigur ging zwar verloren, doch wurde 1820 nach alten Beschreibungen eine neue gefertigt, die nun Maria Anne Prinzessin Dolgorcky in Grunbach wieder auf Hochglanz bringen läßt.

Die Eröffnung 1989 fand unter der Schirmherrschaft des damaligen Landesvaters **Herrn Lothar Späth** statt.

Kostbarkeiten in Weiß: das Porzellan des Zaren

Unter den 350 Exponaten sind Teile des Drei-Kaiser-Service und Cartier-Uhren – Prinz und Prinzessin geben Besuchern Auskunft

Von unserem Redaktionsmitglied Lotte Schnedler

REMSHALDEN-GRUNBACH – Die Prinzessin backt eigenhändig Kuchen, wenn Kurt Krockenberger sie in Zürich besucht, wo der Prinz eine Computerfirma leitet. Beiden, Mutter und Sohn, wurde eine gehörige Portion Charme in die Wiege gelegt.

Und Hans Georg Prinz Yourievsky (30) zudem das private Porzellan seines Urgroßvaters Alexander II., Zar von Rußland. Es ist erstmals öffentlich zu sehen: im Haus der Kunst in der Kanalstraße, und zwar vom 17. bis 24. November. Verkauft wird nichts von den Kostbarkeiten aus Porzellan, Silber und Zinn, die sonst in Containern in der Schweiz lagern. Prunkstücke sind zweifellos die letzten hundert Teile des Drei-Kaiser-Service: Als sich Zar Alexander II. von Rußland, Kaiser Wilhelm I. von Deutschland und Kaiser Franz Josef II. von Österreich 1872 in Berlin trafen, erhielt jeder von ihnen 400 Teile des Service als Geschenk des Königshauses von Sachsen. Von dem Meißner Porzellan mit Szenen nach Watteau speiste der Zar, wenn er mit seiner zweiten Frau Katharina Prinzessin Dolgorouky und Yourievsky in seinem Palais in Paris weilte. Und sein jetziger Besitzer und gleichzeitig Chef des Hauses Yourievsky ist der Prinz.

Prunkstücke aus der Sammlung der Zaren-Familien, die im Haus der Kunst zu sehen sind, sind auch Cartier-Uhren: Die Einzelanfertigungen sind das Hochzeitsgeschenk des letzten Zaren an Georg Prinz Yourievsky anno 1900. Die Gelegenheit, das Porzellan erstmals öffentlich zu sehen, lassen sich bei der Eröffnung der Ausstellung an diesem Samstag auch Prinzen, Fürsten und Grafen nicht entgehen. Und beim „Tag der offenen Tür" am 17. und 24. November, werden Prinz und Prinzessin Yourievsky den Besuchern Fragen zur Zaren-Familie beantworten. Mit „Hoheit" wollen sie nicht angeredet werden, die Anrede „Prinz" oder „Prinzessin" reicht. In der titellosen Schweiz sind sie „nur" Frau und Herr Yourievsky.

Daß das Porzellan des Zaren in Grunbach zu sehen ist, verdankt Kurt Krockenberger, Chef des Hauses der Kunst, seiner Liebe zu Alt-Meißner Porzellan. Er wurde vom Grandhotel Dolder in Zürich eingeladen, dort einige seiner Kostbarkeiten zu zeigen. Darunter war auch ein Teller aus

der Prinzessin, die sich die Ausstellung anschaute. Krockenberger hatte den Teller in England aus Schloßbesitz erworben. „Das könnte sein", sagte die Prinzessin, „wir haben Teile nach England verschenkt".

Wie die Prinzessin zu dem Porzellan kam, ist eine hübsche Geschichte. Sie hatte, erzählt sie, schon als Kind „einen absoluten Russen-Fimmel". Als die Psychologie-Studentin in Paris auf russischer Spurensuche war, traf sie die Mutter von Alexander Prinz Yourievsky. Der erwartete sie 1955 am Flughafen von London, als sie einen Zwischenstopp auf dem Flug in die USA zum 70. Geburtstag ihres Vaters einlegte. Es war Liebe auf den ersten Blick. Erst als der Prinz die Hochzeitskarten sah, erfuhr er, daß seine Verlobte aus dem alten österreichischen Adelsgeschlecht Beer de Grüneck stammte. Als Schweizer Bürgerin trug die damalige Studentin nämlich keinen Titel. Ihr Mann, bis dahin staatenlos,

Im Haus der Kunst ist das Porzellan des Zaren zu sehen

Das private Porzellan von Zar Alexander II. ist erstmals öffentlich zu sehen: vom 17. bis 24. No-

Frau Jelzin und
S.D. Prinz Georg Yourievsky
im **HAUS DER KUNST**
beim kleinsten Service der Welt

S.D. Prinz Georg Yourievsky,
Urenkel von Alexander II.,
Zar von Russland eröffnet das Museum im HAUS DER KUNST mit dem Original Meissen Service seines Ur-Großvaters.

Backnanger Kreiszeitung

„Größte Mehrfelder-Ikone der Welt"

STUTTGARTER NACHRICHTEN

hlugen, die
in den We-

Rußlands
Schinken
n – sie ta-
nes und lä-
nschließen-
Naina Jel-
Stuttgarter
die Karls-
ich freuen,
s die Leute
Jelzina Bi-
gab es für
d beim ha-
Stuttgarter
genommen
ür die Kin-
Ausflug ins
erte indes
– das Pro-
zum näch-
ıms.
l. Im Haus
s Porzellan
. Naina Jel-
hten, grau-
Teufel in
on am Ein-

Kurt Krockenberger, Naina Jelzin, Frau Teufel, S.D. Prinz Georg Yourievsky

WAIBLINGER KREISZEITUNG

Heute großer Sportteil

Nummer 272 G **Rems-Murr-Rundschau / Rems-Murr-Wirtschaft** Montag, 25. November 199

Die Frau des russischen Präsidenten Boris Jelzin besuchte „Haus der Kunst" in Grunbach:

Kaum ein Blick auf Frau Jelzina und keine Fragen zur Politik

o dicht wie die zwei jungen Autogrammjäger aus Grunbach kam außer Fotografen, Sicherheitskräften, Gastgebern und Offiziellen kaum jemand an Naina Jelzina während ihres Kurzbesuchs im „Haus der Kunst" heran. Bilder: Zür

Werdegang von

Kurt Krockenberger

Am 23. August 1953 wird er in Hausen an der Rot geboren, wo die Eltern einen Bauernhof hatten. Der Hof wird später verkauft, die Eltern erwerben und betreiben eine Wirtschaft in Oberrot, den Gasthof Lamm.

Kurt Krockenberger, der schon als Schüler Porzellanscherben sammelte, sucht nun zur Ausstattung der Wirtschaft gezielt nach Porzellan und Antiquitäten aller Art, die teilweise mit Wein und Bier bezahlt wird. Kurt soll Metzger werden und geht von 1968 – 1971 in die Lehre. Doch kurz nach deren Abschluss verunglückt der Vater tödlich. Kurt arbeitet ohne Lohn in der Wirtschaft und nebenher jobt er in einer örtlichen Sägemühle, um wenigstens ein paar Mark zu verdienen. Per Zufall gerät er an eine Kaffeekanne aus der Meissener Marcolini-Zeit. Der sogenannte Tausendschönchen-Deckel begeistert ihn. Er sammelt weiter in der Region um Schwäbisch Hall und kommt 1975 ins Remstal.
Ein kleiner Laden mit 25 m^2 und Ware aus Oberrot soll ein erster Einstieg sein, doch die Kunden bleiben aus. So besucht er Flohmärkte und Antiquitätenmessen und verkauft dort seine Ware.

Kurt Krockenberger lernt seine heutige Frau kennen, die ihn in jeder Weise unterstützt und ihn an den Wochenenden auf die Messen begleitet. Bald erkennt er, dass nur ausgesuchte Qualität Aussicht auf Erfolg verspricht. 1978 soll ihn ein größerer Laden mit 60 m^2 seinem Ziel näher bringen. Das Geschäft liegt an der B 29, wovon er sich einen guten Zulauf verspricht. Er lernt eine russische Sammlerin kennen, die Meissner Porzellan sucht.

Sie finanziert Flugreisen nach New York, wo er gezielt für sie einkauft. Dort lernt er einen jüdischen Sammler und Händler kennen, der ihm voll vertraut und ihm ausgesuchte Meissner Stücke zunächst ohne Bezahlung mitgibt. Diese Geste prägt ihn für sein gesamtes weiteres Geschäftsgebahren. Durch die Qualität der nun angebotenen Meissner Exponate ergibt sich automatisch ein neuer Kundenkreis.

1979 kauft er eine alte Mühle an der Bundesstraße 29 in Grunbach. Hier lebt er, zunächst von vielen belächelt, und drei Jahre ohne richtige Haustüre. Trotz Flugangst fliegt er, immer noch durch die russische Sammlerin finanziert, in der ganzen Welt herum und spezialisiert sich zunehmend auf antikes Meissner Porzellan.

Er schätzt Porzellan für Sammler, analysiert und begutachtet, was sie an Wertvollem zu Hause haben.
Er möchte sein Geschäft vergrößern und hat die Idee eines Antiquitätenzentrums mit verschiedenen Händlern und einem umfangreichen Angebot. Doch erst als er die Mietverträge von 30 Antiquitätenhändlern vorlegt, bekommt er von den Banken Geld.

1989 ist es endlich so weit. Mit dem Bau des „Haus der Kunst" ist ein Traum in Erfüllung gegangen, ein ganzes Haus für Kunst, Antiquitäten und Aktivitäten. Ein absoluter Selfmademan hat etwas geschaffen, was weit und breit einmalig ist.

Am 18. März 1989 wird das Haus, das heute auch ein Museum für Alt-Meissner Porzellan und eine Porzellanklinik enthält, vom damaligen Landesvater und Kunstförderer Lothar Späth mit einer Ansprache eröffnet.

1989 lernt Kurt Krockenberger während einer Ausstellung in der Schweiz Hans Georg Prinz Yourievsky und dessen Mutter kennen. Er schätzt deren Meissen-Sammlung aus dem Nachlass des Zaren Alexander II. (1818 – 1881). Dies führt später zur Ausstellung „Das Porzellan der Zarenfamilie" im Haus der Kunst. Diese Ausstellung wurde von Frau Naina Jelzina, die ihren Mann auf einem Staatsbesuch nach Stuttgart begleitete, im November 1991 besucht.

1995 – 1997 kommt es durch Vermittlung von Landrat Horst Lässing zu einer weiteren Verschönerung und Aufwertung des Hauses. Russische Ikonenmaler aus Dmitrov bei Moskau, der Partnerregion des Rems-Murr-Kreises, bemalen sukzessive die Fassade des Hauses, das seitdem in besonderer und hervorgehobener Weise auf sich aufmerksam macht.

Aus der alten, desolaten Mühle ist ein äußerst repräsentativer Komplex geworden, der seit dem jüngsten Umbau im Jahr 2001 eine nochmals vergrößerte Fläche für Meissner Porzellan bietet.

Kurt Krockenberger lehnt sich nicht zurück. Er ist ständig auf der Suche nach Verbesserungen und Verfeinerungen.
So entspricht auch der Bildband **„Edles Meissner Porzellan aus 3 Jahrhunderten"**, der 2002 erschien, seiner Idee.

Ende 2002 nochmaliger Umbau und Vergrößerung der Verkaufsräume auf 1.200 m^2.

Ende 2005 erscheint das neue Buch:

„Meissen Porzellan
das weiße Gold"

Museum
Sammlung
HAUS DER KUNST

Größter
Meissen Porzellan
Spiegel der Welt

HAUS DER KUNST

HAUS DER KUNST

73630 Remshalden-Grunbach bei Stgt. a. d. B29
Kanalstraße 10 · Tel. 07151/73505 · Fax 74933

Geöffnet: Mo.-Fr. 14.00-18.00 Uhr, Sa. 10.00-14.00 Uhr oder nach telefonischer Vereinbarung

Erdgeschoss:	**Antiquitäten, Gemäldegalerie und Meissen Porzellan.**
	Porzellanklinik Möbel- und Gemälde-Restaurierung
1. Stock:	**Galerie für wechselnde Ausstellungen**
2. und 3. Etage:	**Museum für Meissen Porzellan**

— Führung nach Vereinbarung —

Beratung und Verkauf nur zu den gesetzlichen Ladenöffnungszeiten
Inhaber: Kurt Krockenberger, Experte für altes Porzellan
Internet: http://www.haus-der-kunst.com
E-mail: Haus-der-Kunst@t-online.de

Haus der Kunst liegt in Remshalden-Grunbach im Remstal an der B29. 20 Minuten von Stuttgart, 5 Gehminuten vom S-Bahnhof Grunbach. Von allen Richtungen Ausfahrt: Remshalden-Grunbach dann Industriegebiet Süd nach 200 m dem Wegweiser „HAUS DER KUNST" folgen.

Kostenlose Schätzung Ihrer Antiquitäten immer am ersten Samstag im Monat. Von 10 - 12 Uhr. Bitte vorher anmelden.

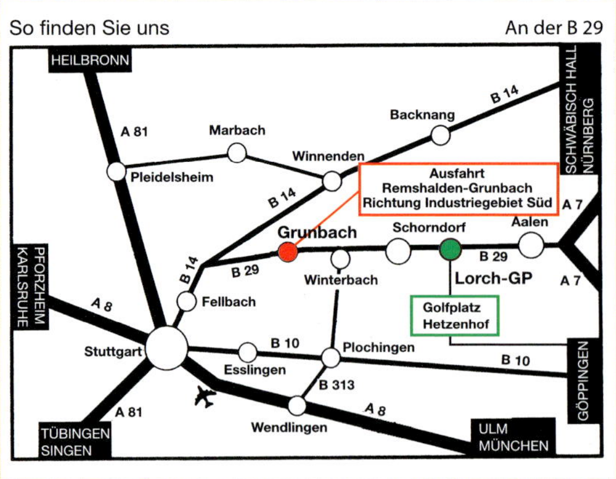

GER
1248